# 母の贈り物

青木笙子

# 父の贈り物

河出書房新社

父の贈り物
父の贈り物
父の贈り物
父の贈り物

目次

# 母の贈り物

写真：久米たかし
装本：榛地　和

# 発病

「仕事」というのは収入があってこそ、そう呼ぶのであって、働けば働くほどお金が出ていくのは、「仕事」とは言わない。しかし、父はあくまで「仕事」のつもりなのだ。

渋谷駅から歩いて十五分の所に事務所を構えていれば、それだけで費用がかかる。家を売って、仕事で作った借金を清算し、残った分を父と母とで折半にした。一億近くで家は売れたが、借金のほうも膨大な額だったから、ほとんどが返済に充てられた。貯金があるわけでなし、残ったお金は老後の生活費として使うのが順当だろう。

ところが父は自分のものはどう使おうと勝手だと思っているのか、「仕事」のためにそれを使い始めた。元々残ったお金はたいした額ではないのだから、早々に底をつく。やがて母の分にまで手を出し始めた。

もう仕事をするのは限界なのだと、なぜ母は父に言おうとしないのか。いつまでも仕事にしがみついている父も父だが、それを許している母に対してもわたしは腹が立った。

「お母さんが言えないのなら、代わりに言ってあげようか」

父がわたしの言うことを聞くとは思えなかったが、泣きつけばなんとかなるような気もした。

「お父さんに何を言っても無駄なことくらいわかっているでしょ」

気持ちはありがたいけど、と母は首を振る。

「一文無しになれば嫌でも仕事を辞めざるを得ないのだから気の済むまでやればいいのよ。そう遠い先の話でもないし……」

そこまで覚悟ができているのなら、わたしが気を揉むこともない。これ以上何か言おうものなら、親の面倒をみるのが嫌なのだと勘ぐられかねない。

悠々自適。父にそれを願うのは無理な話だとわかっていても、一度くらいは言ってみたい気がする。

人生の残り時間が少ないのだから、それを通勤時間にとられるのはもったいないと、父は事務所に寝泊りをしていた。昼間は父の手足となって働いてくれる人がいたから心配ないが、夜は一人になる。何かあってからでは遅い。

母にそう言うと、「心配したって仕方がないでしょ」という返事がかえってくる。

すぐ隣で寝ていても死んだことに気づかない場合だってあるのだから、その時はその時と、きっぱりと言う。

父は毎晩電話をかけてきて母と長話をしていたし、母も独り暮らしを楽しんでいるように思えた。その様子を見ていると、母のいうとおり、立ち行かなくなるまでやりたいようにやればいいという気もしてくる。

結局、三年余りそんな状態が続いた。その間、父はいくつかの作品を企画したものの途中で話が流れ、舞台化までには至らなかった。

一九九一年十月三十一日、父は仕事を辞めた。二十歳のときに新劇の世界に入ったというから、六十年もの長い間、芝居作りに明け暮れていたことになる。

その日のうちに帰ってくると思っていたら、慣れない大掃除をして疲れたので一晩事務所に泊まり、帰るのは明日にする、と電話があった。

翌日、父がまもなく戻ってくるというのに、母はなぜか浮かぬ顔をしている。わたし自身がはしゃいでいるせいでそう見えるのかもしれぬと思ったが、気のせいではなかった。母はいかにも大儀そうに掃除をしていた。

もともと母は片付けが苦手だったし、父は傍に要らない紙が一枚でもあると落ち着かないタイプだから、父がこれからずっと家にいると考えただけで母は気が重いのだろうか。

それにしても、母がそんな顔をしていては父がかわいそうだ。

「お母さん、お父さんが帰ってくるの、嬉しくないの？」

母は、どうしてそんなことを訊くの、というようにわたしを見つめる。

「それならいいけれど、なんだか嬉しくなさそうだから」

そんなことあるわけないでしょ、と一笑に付してくれるかと思ったが、母は力なく笑っただけだった。

お父さんは今が一番つらい時なのよ、もっと明るい顔して迎えてあげてよ、そう言いかけてやめた。そんなことは母が一番よく知っている。そうしたいのに、出来ないのかもしれない。

「どこか具合悪い？」

ううん、と母は首を振る。

疲れているのだ、と思った。夕べは一睡も出来なかったのだろう。

半年前の自殺未遂のことを思い出していたのではないか。また同じことをするのではないかと、母は一晩中それればかりを考えていたにちがいない。

母と同じことをわたしも考えた。仕事が出来なくなったらお父さんは死ぬよ、と父はよく言っていたから、それを実行するのであれば今夜ということになる。

しかし、事務所を閉じた日の夜というのはあまりにも出来すぎている。そんな日を父は選ばない。もっとさりげない、ごく平凡な一日を選ぶはずだ。そう思ったからわたしは考えるのを途中でやめて寝た。

でも、母はそういうわけにはいかなかったにちがいない。一晩中まんじりともせずに、夜が明けるのを待っていたのだろう。

父が帰宅すると、母は心なしか元気になった。それでも父に、気分が悪いのか、と訊かれていたから、やはりつらそうな顔をしていたのだろう。

次の日になっても母の顔色はすぐれず、動作がいかにも緩慢だった。いつもの笑顔がまったく見られない。

父のせいだと思った。自殺未遂から半年間、事務所に寝泊りしている父のことを、母は心配し続けていたのだろう。ほっとしたとたんに気がゆるんで、具合が悪くなったのかもしれない。

ある日、母の顔から表情が消えていた。いっさいの感情を押し込めたような、逆にすべてを捨ててしまったような、のっぺりとした顔をしている。

声を聞けば母なのだけれど、見ているだけだと母であって母ではないような不思議な感じだった。

母が一切の感情をなくしてしまったのかと慌てたが、そういうわけではなく、うれしい、悲しいという感情そのものはある。が、それがどこかで断ち切られてしまい、表情に出てこないのだ。

そのうちに手が震えるようになり、頭が重く感じられると言うようになった。

それまでも、母は心臓が悪いので、近くの慈恵医大に通っていた。だから、それらのことは逐一医者に伝えていたはずだ。にもかかわらず、パーキンソン病という診断が出たのはかなりたってからだった。

そういう病気があることをわたしは知らなかったし、その病気の特徴として、仮面をかぶったような顔になることも、もちろん知らなかった。

父が仕事を辞めた翌日に、母は発病した。

多くの病気がそうなのだろうが、いつ発病したかはわからないものらしい。しかし、わたしは、母が発病したのはあの日だったと思っている。

いや、すでに発病していたにもかかわらず、その日まで耐えていたというのが正確かもしれない。

# 縁側

母を思うとき、なぜか縁側が浮かんでくる。

縁側といっても、庭に突き出す形で建て増しをしたので、六畳ほどの広さがあった。縁先に腰をかけ、母は庭の花を眺めていることが多かった。狭い庭だったが、溢れるほどさまざまの花が咲いていた。母はわたしに花の名前を教えようとするのだが、何度聞いても覚えられない。父もまったく植物に興味がなかったから、母はきっと味気ない思いをしていただろう。

玄関脇の狭い道を抜けると庭に出る。ちょっとおしゃべりをしたいと思う人にとって、縁側はもってこいの場所だった。近所の人と話しこんでいるときの母の背中はいかにも幸せそうに見えた。

わが家がまだ汲み取り式の便所だった頃のことだ。

汲み取り屋さんと呼んでいる人が時折やってきた。その人が来ていることは遠くからでもわかった。よその家に来ているときは鼻をつまみ、息を止めて駆け抜ければいいが、自分の家ではそうはいかない。

嫌だな、家に帰りたくないなと思っても、わたしが学校から帰る時間を母は知っている。仕方なく「ただいま」と言って自分の部屋に行こうとすると、「こっちにいらっしゃい」と母が呼び止める。

汲み取り屋さんと母が縁先に腰をかけ、お茶を飲んでいる。

「おじちゃんにご挨拶しなさい」

こういうときの母はいつもと違って毅然としている。

「おじちゃんのお陰でわたしたちは暮らしていけるのよ」

ありがとうございますと言えばいいだけなのに、それがすっと出てこない。何だか自分がいい子になるようで、照れくさい。

母が目で催促する。

汲み取り屋さんに感謝していないみたいで申し訳ないと思いつつも素直になれない。

「いいんですよ」と、助け船を出されると、なおのこと引っこみがつかなくなる。

やがて、ごちそうさまでしたと言って、汲み取り屋さんが立ち上がる。それから、長いホースがずるずると引きずられていく。

母を偉いなあと思いながらも、臭いものは臭いのだから仕方がないと思っていた。

美容師のNさんが時折やってくるようになったのはいつ頃からだろう。わたしが中学に入った時には、もう来ていた気がする。

Nさんは若い頃は美容院で働いていたのだが、五十を過ぎて人に使われるのはつらいし、かといって店を出すだけの資金もない。それで親しい家を回って仕事をしているのだと、母から聞かされていた。

看板を出さずに仕事をするのはもぐりと言って、同業者に見つかると訴えられるのだそうだ。だから、絶対にNさんのことは他人には言ってはいけないと母に言い含められていた。

Nさんが来ると母の髪がきれいになる。そのことは嬉しかったが、どこかで誰かが見ているようで落ち着かない。

そんなわたしの気持ちなどおかまいなしに、縁側いっぱいに広がる日差しの中で、母は気持ちよさそうに目をつむっている。ゆったりとした時間の中で、Nさんの手だけが母の頭の上ですばやく動いていた。

本屋で、母が編み物の本を立ち読みしていたとき、隣で同じ本を読んでいたのがMさんだった。

編み物をなさるのですか、と母が声をかけたのがきっかけで親しくなり、それ以来遊びにくるようになった。

Mさんは長野から上京し、美容学校に通っていた。

アパートの家賃を払うのはもったいないし、よかったら空いている部屋を使ってはと母に勧められ、Mさんはわが家に引っ越してきた。

ガラスを通してやわらかな光が差し込む縁側で、Mさんと母は並んで鉤棒を動かしている。二人の膝の辺りに色とりどりの毛糸が転がっている。その毛糸玉に猫のピーコがじゃれつく。毛糸玉はころころと転がっていきガラス戸にぶつかって止まった。そんな縁側の光景をクロとタロが庭から見つめている。


わたしと弟が、「学兄ちゃん」と呼んでいる従兄弟を、母は実の息子のように可愛がった。

学兄ちゃんは母の姉の子供なのだが、早くに姉が亡くなったため、母親代わりのつもりでいたようだ。そのため、わたしたちは三人兄弟のようにして育てられた。

兄貴だと思っているから、わたしはこの従兄弟に何でも頼めた。宿題もやってもらったし、いろんな所にも連れていってもらった。

母が最も頼りにしていたのは、わたしでも弟でもなく、学兄ちゃんだった。

実際、この「長兄」は母の力になってくれた。仕事の合間をみては家に立ち寄り、掃除をしたり犬の散歩に行ったりと、ともかく母のためによく働いた。わたしはそのお陰で、どれだけ家の手伝いを逸れたかわからない。

学兄ちゃんが縁側の雑巾がけを始める。すると、母は庭に下り、花を眺め、飼い犬と遊ぶ。

「おばちゃん、きれいになったよ。今度はどこを掃除する?」

「どこがいいかしらね」

母の幸せそうな声が庭中に響きわたる。

母を思うとき、隣にいつも誰かがいる。

# 銅像

地下鉄の銀座駅で降り、地上に出ると煉瓦造りの交番がある。そのすぐ裏に、高さ一メートル足らずの記念塔があり、そこには「灯台」と題された銅像が置かれている。右手に燭台、左手に本を抱え、その像は空を仰いで立っている。

細長い台石には「不意の地震に不断の用意」という言葉が刻まれ、足元のレリーフには震災による罹災者の数が書かれている。関東大震災を追悼して造られたもので、彫刻家北村西望の手になるものだ。

この銅像を見ると、子供の頃に住んでいた家の玄関を思い出す。これと同じもの――といっても石膏で出来たものだが、それが下駄箱の上に置かれていた。

『億万長者』という映画の撮影で使った小道具を、父が貰い受けたのだ。

玄関に入るといやでもそれは目に入るから、初めて見た人はびっくりする。誰も石膏だとは思わないらしく、すごいですねえと感心する。石膏です、と母が言うと、手で触ってみたり、指で弾いたりして確かめる。

「それにしても良く出来ている」

誰もが一様に感じ入る。

「数寄屋橋のたもとに建っているんですよ」

客に対する母の話の順序は決まっていた。

「あの『君の名は』の数寄屋橋、覚えています?」

そこでたいていの人は、懐かしいなとか、春樹と真知子でしたよね、などと言い、話が映画のほうにそれていく。

「そこに、この像があるんです」

数寄屋橋にそんなものがあったかな、と誰もがそういう顔をする。

「実際はもう一回り小さいんですけどね」

大きいというならわかるけど小さいと言われ、ますます頭が混乱するらしい。

「小さいんですか?」

「まあ小さいといっても、これとあまり変わりませんけど」

「今度見にいってきます」などと言いながら、客は話を切り上げる。この手順を踏まないと、初めての客は部屋に上がれない。

その程度であれば短いほうで、話し好きな客だとわかると、母の説明はもっと長くなる。「主人が制作した映画で……」と、話がその内容におよんでいく。

過去を振り返ることの嫌いな父が、そうやって仕事に関係のあるものをいつまでも家に置いていたのはなぜだろう。

『億万長者』は、一九五四年に青俳が自主制作した映画である。ということは父の最初のプロデュース作品となる。

監督は市川昆。脚本は市川昆と和田夏十のほかに、横山泰三らが担当した。脚本協力として安部公房も名を連ねている。出演者は山田五十鈴、久我美子、岡田英次、木村功、左幸子など当時の売れっ子の俳優たちだった。

内容はほとんど忘れてしまったが、一か所だけはっきりと覚えているシーンがある。ひとりの狂った女性が街角でたどんを握りながら、「みなさん、世界平和のために原子爆弾を作りましょう！」と人々に呼びかけている場面だ。その女性を久我美子が演じていた。ナンセンス仕立ての喜劇に見せかけて、実は、原爆は原理的には大工場でなくても作れるのですよ、ということを言っていたのだろう。

そのテーマが引っ掛かったのか、完成したものの配給会社が見つからず、お蔵になってしまった。何年かたってようやく上映されたが、興行の規模は小さいものでしかなく、大赤字という結果になった。

「あのテーマは早過ぎた。今なら評判になったろう。時代を読むというのは、早過ぎても遅すぎてもいけない。だから、ものを作るのは難しいんだよ」

父は思い出したように時折そう言った。

映画の中の銅像を、わたしは覚えていない。そのせいか、銀座の交番裏のその像を見ると、わが家の玄関が浮かんでくる。

# 二枚の絵

今井正監督の『純愛物語』のタイトルバックに、丸木位里、俊夫妻の「原爆の図」が使われている。それらの絵は撮影終了後、丸木夫妻から何人かのスタッフに贈られた。プロデューサーである父のもとには二枚の絵が届けられた。

位里氏の絵は原爆ドームが黒々と聳え立つさまを描いたものである。俊氏のほうは親を失った子供たちなのだろう、裸同然の七人の子供が描かれている。膝を抱えた三人の男の子。呆けたように宙を見つめる女の子。長い髪の全裸の子は泣きつくしたのか、目が腫れ上がっている。恐怖におののき、両手で顔を覆う子。泣き叫んでいる子もいる。

その絵を飾るには広い壁が必要なのだが、そこは本箱に占領されているので鴨居の上しか場所はない。しかし、鴨居と天井までの距離より額のほうが長いため、斜め下を向く形で吊り下げられた。

わたしはその部屋で寝ていたから、布団に入るとちょうど絵と向き合う格好になった。その子たちの目をできるだけ見ないようにしたが、電気を消した後、いくつもの目が闇を通してじっとわたしを見つめている気がして、怖くてならなかった。

その二枚の絵を、わたしは大学時代に映画で使っている。

校門をくぐっても教室には行かずに部室へ直行し、仲間と映画論をぶつか、あるいは映画館に連れ立って出かける。そんな毎日を送っていたのだが、三年生になったとき、脚本・演出を任されることになった。

ちょうどその頃のことだ。何の用事があったか忘れたが、その日、わたしはいつもより早く家を出た。学校のある渋谷の街はまだがらんとしていて、人の姿はほとんど見られない。東急文化会館の前にさしかかると、前方に人が倒れている。冷え込みの厳しい朝だったから、とっさに行き倒れかと思い、小走りで近づいた。男の周りには、すでに何人かの人が立っていた。

「受験に三回失敗した青年が飛び降り自殺」

翌日の新聞には「即死」と書いてあったが、わたしがその男のわきに立ったときはまだ生きていた。

男は笑っているような照れたような顔をしていた。何がおかしいのか、何に照れているのか。死のうとしたことか、それとも二十一年間生きたことなのか。

それらのことをわたしは繰り返し考えた。考えても考えても答えが見つからない。それならいっそ画面の中で解決しよう、そう思いついた。

その男を主人公にしたシナリオを書いた。ビルの屋上から足を踏み出した瞬間からコンクリートに叩きつけられるまでの数秒間を、男の二十一年という時間に重ね合わせた。男の時間はわたしの時間でもあった。男の生活はわたしの生活。男が見るもの聞くことは、わたしも見るし、聞く。わたし自身を描き出すことで、男を、そして同世代の人間を描き出すことができるはずだった。

そこにあの絵の子供たちを参加させた。その子たちは生きていればわたしと同年齢のはずだ。生きられないとわかって、それで絵の中に入り込んだ。その子たちは息をひそめてこちら側に来る機会を窺っているにちがいない。

男が歩き、食べ、友人と談笑するとき、絵の中の子供たちは、膝を抱えたままじっとその姿を見つめる。虚ろな男の眼差しに、母親を失った女の子の呆けた目が重なる。絵の中の子供の溜め息は男には聞こえない。泣き叫ぶ子を振り返って見ようともせずに、男はビルの屋上に立つ。

フラッシュバックの形で絵を挿入すると、あたかもそこに子供たちが居合わせたように写る。その効果を利用してふんだんに絵の中の子供たちを登場させた。

画面の中で、飛び降りた男は見事に着地に成功する。ズボンに付いた汚れを手で払うと、雑踏の中に向かって歩いていく。

三十分余りの映画を撮るのに、一年以上もかかってしまった。

その映画は当時、新宿伊勢丹デパートの斜め前にあったアートシアターという劇場で上映された。劇映画と抱き合わせだったのか、学生映画の特集だったのか覚えていない。

忘れられないのは、今井正監督が観に来てくれたことだ。父も一緒だった。劇場の出口の所で、ありがとうございました、と礼を言うわたしに、監督はただにこにこ笑っているだけで何も言わなかった。

その映画は大学の文化祭でも上映したし、学生映画祭にも出したから、寺山修司氏がどの時点で観てくれたのかわからないが、映研の部長を通して監督に会いたいと言ってきた。

仲間に羨ましがられながら指定された喫茶店に出向いたのだが、憧れの作家に会えて胸がいっぱいだったのだろう、何を話したのか、どんな話を聞いたのかまるで覚えていない。記憶に残っているのは、もっと話を聞きたいからと言われて車に乗ったことと、行き先が劇団の稽古場だったことだ。

家に帰って父にその話をすると、調子にのるんじゃないと、ひどく叱られた。

「お父さんは今井さんに対してあんなに恥ずかしい思いをしたことがない」

父の苦々しい表情を見たとたん、それまでの幸せな気分などいっぺんに吹き飛んでしまった。

「確かに面白い感性をしていると思うよ。でも、そんなものは早々に消えうせてしまうものだ。もっと勉強をしなさい。何かをするのはそれからだ」

父のその言葉で、二度とこういうことはしまいと決めた。

無から有を生み出せる人間ではないことを、わたし自身、映画を撮っている途中から気づいていたのだ。だから父に叱られて、どこかでほっとしていたような気がする。


二枚の絵のうち、原爆ドームの絵は弟の手元にある。

父と母が亡くなり、借りていた家を片付けると、最後に二枚の絵が残った。好きなほうを先に取ってと言うと、弟は位里氏の絵を指さした。

家に鍵をかけ終えると、弟は絵を抱えて車に向かった。わたしの目の前を歩いていた弟がふいに振り返ると「この絵、売っちゃうかもしれないよ」といたずらっぽい目を向けた。

「売れるものなら売ってごらん」

売ったら承知しないから、という思いを込めて言ったのだが、弟の気持ちがわたしにはわかっていた。弟は一人息子なのだから、家も土地も弟のものになるはずだった。それなのに父が弟に残したものはたった一枚の絵でしかなかった。いっそ何も残してもらわないほうがいいと弟が思ったとしても、それは当然だ。

「売るときはわたしに売ってね。どんなに高くても買うから」と言うと、「大丈夫だよ。ちゃんと大事にするよ」と、弟は嬉しそうな顔をした。

「筆子はどっちの絵が好き？　お母さんは俊さんのほうが好き」

母はよくそう言っていたから、わたしの手元に子供たちの絵が来たのは嬉しかった。

それから何年もたつというのに、わたしはその絵をずっとピアノの裏側に入れたままだ。思い出がありすぎるということもあるが、それよりなにより七人の子供たちに見つめられたら、コーヒーを飲みながら安穏と音楽など聴いていられない気がするからだ。

# 芝居

現実と虚構の世界の区別がつかない年齢だったとすると、最初に芝居を観たのは、いくつぐらいのときだろう。

わたし自身は覚えていないのだが、宇野重吉さんが舞台で死ぬ役をやったらしい。「おじちゃんが死んだ、おじちゃんが死んだ」と、わたしは客席で泣き出し、母が慌ててロビーに連れ出したという。

あれは芝居の中の話で、おじちゃんは本当は生きているのだと母がいくら言っても納得しなかったらしい。仕方なく母はわたしを楽屋に連れていき、「ほら、おじちゃん元気でしょう」と言い聞かせたのだそうだ。そのときのわたしの嬉しそうな顔といったらなかったと、母は何度もその話をしてくれた。

わたしは人見知りが激しい子供だったらしく、めったに他人になつかなかったようだ。唯一の例外が宇野さんだった。わが家によく来ていたせいもあるが、父の他の友人にはそんなことはなかったわけだから、よほど宇野さんが好きだったのだろう。あの温かい包み込むような笑顔は、子供にとっても魅力的だった。

わたし自身の記憶にある最初の舞台は『どん底』である。

小学生に『どん底』がわかるはずもないが、それでも暗い舞台にうごめく人々の姿に何かを感じ取っていたようだ。お芝居っていいねえ、と母にしみじみ言っていたらしい。

舞台そのものはほとんど忘れてしまったが、登場人物たちが低い声で歌う「夜でも昼でも　牢屋は暗い　いつでも鬼目が　あーあーあー」という節回しは今でも耳に残っている。


劇場の記憶では、飛行館ホールが一番古い。

入り口の階段を上がるとロビーに出る。そこを左に行くと突き当たりに売店があった。

父の劇団の公演のときだったのだろう。売店のおばさんは、幕間になるとわたしを呼んで隣に座らせてくれた。そして、「毎日同じお芝居を観ていてつまらなくないの?」と聞いた。「うん」と答えたときの得意な気持ちを、よく覚えている。

芝居を観るとき、わたしはいつも一番前の席に座った。

幕が開いた瞬間、舞台から客席に向かって流れてくる冷たい空気。ドーランと埃っぽい匂いを含んだ空気が辺りにたちこめると、それだけでわたしは幸せな気持ちになった。

色とりどりのライト、装置、効果音。やがて、役者が登場する。そうしてわたしは舞台に引き込まれていく。

これほど面白い世界が他にあるだろうか。わたしは毎日でも観に行きたかった。

父のもとに送られてくる招待状を貰っては、次々と芝居を観に行った。しかし、度が過ぎたらしく、父のところに送るといつも代理の人が来ると噂されるようになったらしい。それで招待状での観劇は、取り止めになった。

劇団に入ろう。わたしの進む道はそれしかない。高校卒業後の進路はそう決めていた。

父に内緒で俳優座の試験を受けた。ちょっと考えれば、父の元に連絡が入ることぐらいわかりそうなものなのに、そのときは思いつかなかった。

「俳優座の人から電話がかかってきたよ。どうしますかと聞かれたから、落としてくださいと頼んだからな」

父が頼もうが頼むまいが落ちたと思うが、それでも、もしかしたらという思いは捨てきれない。父の許にいてはだめだ。苗字を変えなくては何も出来ない。

とにかく大学に行きなさい、と父は言った。

「勉強が嫌いなことはわかっている。四年間遊ぶつもりで行けばいいじゃないか」

父はそれからこうも言った。

「結婚をし、子供を育て、それでもまだ芝居の世界で生きたいというのであればそれは本物だ。それからでも決して遅くはない」

ただむやみに反対しているのではないということを父は強調した。

わたしは他人の言うことを聞かない代わりに、父の言うことだけはよく聞いた。だからそのときも父の言うとおりにした。


四十歳を過ぎても、わたしの中にはまだ芝居に対する憧れが残っていた。子供も大きくなったし、条件は整ったと思った。

新聞で文化座が制作部員を募集しているのを知り、応募した。苗字が違うのだから今度は父にわかるはずがない。

ところが顔が父とそっくりらしく、劇団の人に「もしかして、本田さんの娘さんでは?」と訊かれた。

黙っていることと嘘をつくことは違う。はい、と言うしかない。

また父が妨害するかと思ったが、今度は何も言わなかった。ただ、こうは言った。

「学校の講師というせっかくいい仕事を辞めるのはもったいない。劇団に入ってみて、もし出来ないとわかったときにどうするんだ。いったん辞めてしまったら、二度とこんなに恵まれた仕事には就けないんだぞ」

いわゆる二足の草鞋を履くことを父は勧めた。午前中は学校に勤め、午後から劇団に行く。劇団というところは特別のことがない限り昼からが忙しいので、そうしてもらうようにお願いしなさいと言う。

そんな勝手な頼みを劇団は受け入れてくれた。ただし一年後には学校を辞めて、劇団の仕事に専念するという約束だった。

午前中に四時間授業をして劇団にとんで行く。それから夕方まで事務所で仕事をし、一時間以上かけて家に帰る。公演があるときの帰宅は十一時近くなった。

体力的に一年が限界だった。学校をとるか劇団をとるか繰り返し考え、さんざん迷った結果、劇団を辞めた。

父と同じ制作者の道を進むには、あらゆる点でわたしには力が不足していた。そのことがわかったのだ。

芝居を観るのが好きなのと、作ることとはまったく別なことなのに、そんなこともわたしはわかっていなかった。

たった一年で辞めるのはわれながら不甲斐ない。

鈴木光枝さんは、稽古場近くに借りている部屋にわたしを呼んでくれた。

申しわけありません、とわたしは頭を下げるしかない。

「実際にやってみたからわかったのでしょう。それでいいじゃありませんか。気持ちがふっきれたのだから」

にこにこ笑いながら、そう言った。

どんな弁解も許されないときに、いいんですよと言ってもらえることほどありがたいことはない。

母として、女優として、そして劇団の主宰者としてやり通してきた人を目の前にして、芝居の世界で生きることはどういうことなのか、わたしはほんのすこしだけわかった気がした。

「入ったり出たり、はた迷惑なやつだ」と、父にはひどく叱られた。

「こういう娘を持つと、絶えず謝っていなければならない」

と言っていたから、鈴木さんに詫び状を書いてくれたのかもしれない。

# 言葉

まだ歩けない頃から、わたしは口だけは達者だったらしい。

「たっち」と何度も言ってからようやく立ち上がるの、と繰り返し母はその話をした。

雪を初めて見た日、わたしは窓に顔をつけて長いこと空を見上げていたという。

「白いものがあっちにいったりこっちにいったりしておっこちてくる」

二歳のときに口にしたというその言葉も、どれだけ聞かされたろう。

母と出かけていたときにたまたま雨が降ってきた。霧雨だったらしいが、それが頰に当たったとき「雨は痛いねえ。ほっぺたをちくちく刺す」と言ったのだそうだ。

「三歳の子がよ。雨は冷たいと言うのが普通でしょ、それを痛いって言うのよ。感性が豊かな子だってびっくりしたの」

どういう返事をすればいいかわからないから、わたしはただふーんと言うしかない。

子供はみな詩人だということを、母だって知らないわけはないのだが、そのときは忘れているのだろう。
母は、わたしが口にする言葉をよほど気に入っていたのか、それらをノートに書きとめていた。

テイデン　　七才の十二月
テイデンナンテイフ字ガナケレバイイ
テイデンナンテイフ字ヲ一体ダレガツクッタノダロウ
ローソクヲツケテモラオウトオモッタラ
デンキガツイチャッタ
デンキワタノシイネー
オヘヤガアカルクナルシ
アッ　ラヂオモキコエテキタ
デンキワタノシクテイイネー

幼き者ノ望み　　七才の時
ショウコ　オオキクナッタラ
エカキサント　ツウヤクニナルンダ

エワ　カクコトガスキダシ
ツウヤクニナッテ
アメリカニユクンダ
アメリカニワ　ショウコノダイスキナ
チョコレートヤ　カンヅメガ　イッパイアルカラ
ヒコーキデモ　ジープデモ　アメリカノモノハ
ドウシテ　アンナニハヤク　ハシルノダロウ
ニッポンニハドウシテ　アアユウヒコウキヤ
ジープヤ　チョコレートガナイノダロウ
ショウコワアメリカノコドモニナリタイケレド
ニッポンノコドモダカラ　シカタガナイ
ダカラ　オオキクナッタラエイゴヲナラッテ
ツーヤクニナリ　アメリカニイクンダ

その後に母の言葉が書き込まれている。

(ツーヤクダケガアメリカ人トハナシガデキルトオモッテイルノデ、ツーヤクにナレバアメリカ

七才の時

笙子ノコトバ

（ヘイケルトオモッテイル）
オトウチャンガ
オカアチャンヲ
オコルト　タクミハ
スグ　ジブンガ
シカラレタミタイニ
ナクネ
ショウコモ　トテモ
カナシクテ　ナキタイケレド
ショウコガナクト
オトウチャンガ
ショウコ　ナクナッテ
オコルカラ
ショウコ　カナシイケレド

ジイットガマンシテルノヨ
ソシテ　ココロのナカデ
ナイテイルノヨ

父はこの頃、売れない原稿を書いていた。思うように筆が進まないものだから、よく母にあたった。

形相の変わった父の顔、うろたえる母の姿、弟の泣き声、それらを昨日のことのように思い出す。

「オトウチャンガ　オカアチャンヲ　オコル」のではない。怒るというのは相手が悪いことをしたときだ。父は怒っているのではない。あたり散らしているのだ。

こういう生活は母の家出で終わりを告げる。一週間で母は帰ってきたが、もうそのときには父は筆を折る決意をしている。この頃が父にとっても母にとっても最もつらい時期ではなかったか。

八才の二月

オウチノオトウチャンノカオ
オウチノオトウチャンノカオワ
ヨクカワルヨ

オコッタトキノカオワ
チョウド　イヌミタイ
オオキナコエデドナルヨ
シンブンヲヨンデイルトキノカオワ
オヂイサンミタイダヨ
ホカニモ　オサルサンヤ　ヒツジノヨウナ
オカオモスルヨ
ドウシテオトウチャンノカオワ
コンナニヨクカワルノダロウ

父の顔は実によく変わった。今笑っていたかと思うと、怒り出す。怒っているかと思っていると、いつの間にか苦渋に満ちた顔になっている。

だからわたしは絶えず身構えていた。笑っているからといってその気になって一緒に笑っていたらとんでもないことになる。どんなしっぺがえしがくるかわかったものではない。

わたしは大人の顔色を見る可愛げのない子供だったらしいが、くるくる変わる父親の顔を見て育ったのだから、当然と言えば当然なのだ。

八才の二月

オカアチャン
オウチノオカアチャンハ
トナリグミノナカデ
イチバンキタナイカッコウシテテ
ショウコ　イヤダナア
デモ　オカアチャンハ
ネエヤサンモイナクテ
ナンデモヒトリデシナケレバ
ナラナイカラ　シカタナイネー
ショウコ　ケフカラ　オウチノ
オテツダイヲスルカラ
オカアチャンモ　キレイニシテネ

人は人。よその家はよその家。羨ましがったり、比較したりしてはいけない、と小さい頃から言われ続けてきた。

この年齢であっても、その言葉をわたしは聞かされているはずだ。

「トナリグミノナカデ　イチバンキタナイカッコウシテテ　ショウコ　イヤダナア」と口にした後で、しまった、お父ちゃんに叱られると思ったのだろう。

「ケフカラ　オウチノ　オテツダイヲスルカラ」などと殊勝なことを言っている。これで大丈夫と胸をなでおろしたのだろうが、逆に「いい子ぶるんじゃない」と、もっと叱られたのではないか。

八才の三月

オトウチャン

オウチノオトウチャンは
ベンキョウスルコトガ
イチバンスキナンダネー
チットモ　アソバナイデ
マイニチ　マイニチ
アサカラ　バンマデ
ソシテ　ヨルモネナイデ
ベンキョウバカリシテイルネ
ベンキョウスルコトガ

ソンナニオモシロイノカシラ
ショウコは
アソブコトノホウガ
ズット　オモシロイトオモウケレド

父はたえず机に向かっていた。

わたしが朝、目を覚ましたときにはもう「勉強」していたし、夜、おやすみなさいを言いにいくと、本に目を向けたままで「おやすみ」と言う。いったいいつ寝るのか不思議だった。

それはわたしの子供の頃だけでなく、ずっとそうだった。

父は心筋梗塞で死んだが、その前の日の夜、わたしが「もう帰るからね、おやすみなさい」と襖を閉めたときも、父は本から目を離さぬまま「ああ、おやすみ」と言った。

# 宝物

小学校から中学にかけて、わたしは美空ひばりに夢中だった。

学校から帰ると、友達がひばりのブロマイドを入れた空箱を抱えてわが家にやってくる。

「小さいの二枚あげるから、大きいのと取り替えて」

「どれを取ってもいいから、『悲しき口笛』をちょうだい」

そんなことを言い合いながら、箱の中からブロマイドを取り出しては交換していた。

そこは取引の場であると同時に、お互いの宝物を見せびらかす場でもあった。

ブロマイドはしっかりした材質のはがき大のものと、薄い紙のものとがあり、その薄っぺらいほうは、駄菓子屋のくじで当てたものである。一等は便箋ぐらいの大きさだが、誰も当てたことがなく、それが欲しいためにみな駄菓子屋に通っているようなものだった。

「ほんとうに一等のくじ、入っているのかな」

「おばさんのうちに子供がいて、その子に一等をあげているんじゃないの」

一度ともかく訊いてみようということになり、駄菓子屋に揃って出かけた。

「おばさんち、子供いる?」

「いるけど、どうして?」

「その子、美空ひばり、好き?」

「男の子だから、あんまり興味ないみたいよ」

それを聞いてほっとしたのだが、それでもくじは当たらない。二等や三等のブロマイドがなくなる頃には、いつのまにか一等賞も消えていた。

わたしはどうしてもその一等のブロマイドが欲しかった。

「お母さん、一等賞が欲しい」と言うと、「頑張って当てれば」と、お小遣いをくれる。それを握り締めて駄菓子屋に飛んでいくのだが、くじは引いても引いても当たらない。

「いっそ、くじを全部買ってしまおうか」

そう言い出したのは母である。

「全部買えば一等賞が必ず入っているものね」

母はいいことを思いついたとばかりに手をたたく。

駄菓子屋に行く母の後について歩きながら、わたしは胸がどきどきした。

おばさんが売ることはできないと言ったらそれまでだ。母が、それでも売ってくださいと頑張れるかどうか。

　思っていたとおり、その交渉は難航した。

「商売物ですから」

　おばさんはまったく取り合ってくれない。

「子供さんたちが楽しみにしているものですからね」

「そこをなんとかお願いします。この子がどうしても一等賞が欲しいというものですから」

　おばさんは、だったら当たるまで通えばいい、という顔をした。

「こういうお願いをすること自体、失礼なことはよくわかっています」

　母はそう言って、頭を下げる。

　最終的には母が、そちらのいい値で売ってくださってかまいませんからと言ったことで、おばさんのほうで折れたのだ。

「こういうことは、困るんですがねえ」と言いながら、おばさんは壁に掛けてあったくじとブロマイド一式をわたしに手渡してくれた。

　家に持ち帰り、一人でくじを引いていると、嬉しいような物足りないような、なんだか変な気分だった。でもそんな気持ちも一等賞が出たとたんに吹き飛んでしまった。

　わたしはそのブロマイドを自慢したくて、友達を次々と家に呼んだ。

「一等賞を見せてあげる。でも、触っちゃだめ」

そう言うときの快感といったらなく、友達が羨ましそうな顔をすればするほど喜びは倍加した。


その時と同じくらい、いや、それ以上に嬉しかったことがある。

父が次回作の映画の打ち合わせのために京都に出かけるという前の日のことだ。

「お父さんが会いにいく家城監督は、今、美空ひばりの映画を撮っているんだよ」と言った。

「それなら、お父さんは美空ひばりに会えるんだね」

「会おうと思えばな」

「わたしも学校休んでついていきたいなあ」

無理だとわかっていても、そう言わずにはいられない。

「お父さん、一生に一度のお願い。美空ひばりのサインもらってきて」

「そんなみっともない真似できるわけがないだろう」

そう言っていたにもかかわらず、父はわたしの願いをきいてくれた。

いくらスターとはいえ、自分の娘と同じ年頃の子に頭を下げるのは屈辱的だったのであろう。

「あんな恥ずかしい思いをしたことがない」と、父はその時のことを思い出しては赤くなっていた。

シルクハットに燕尾服、ステッキを手にした大きなブロマイドにはサインがしてあり、右上にはわたしの名前まで書かれている。

不公平にならないようにと思ったのか、父は弟の分までサイン入りのブロマイドを貰ってきた。弟はひばりに興味がないのだから、わたしにくれればいい。なんとか自分のものにしようと機会を狙っていたが、思うようにいかなかった。

わたしが友達を呼んで、サイン入りブロマイドを自慢したのは言うまでもない。


美空ひばりのどこが好きなのと聞かれると、「全部」とわたしは答えることにしている。

人を好きになるということは全部がいいと思うから好きになるので、ひばりの歌のうまさはもちろんのこと、あの傲慢とも思える態度さえ、わたしには好ましく思える。歌の女王と言われるからにはあのくらい堂々としていなければならない。何かと問題を起こす弟をかばっている姿も人間味があって心を打たれる。そして、なんといっても舞台に現れただけで何千人という観客を一気に惹きつけてしまう迫力が、わたしをぞくぞくさせる。

最後に観た舞台は新宿コマ劇場である。

その直後の地方公演で倒れ、入院したことを考えるとすでに体の具合は悪かったのだろうが、微塵もそんなことは感じさせず、歌い、踊り、相変わらずのすばらしい舞台だった。幕が下りてもしばらくわたしは立ち上がれなかった。

美空ひばりが死んだのを知ったのは、朝七時のニュースだ。朝日新聞も一面のトップに大々的に記事を載せていた。

記事を繰り返し読み、テレビのチャンネルをあちこち回していると、母から電話がかかってきた。

「お父さんが、笙子は大丈夫かって心配しているものだから……がっくりきているんじゃないかって」

「まさか」と、一笑に付したのだが、言いようもない喪失感にとらわれているのは事実だった。

# 旅行嫌い

わたしが歩けるようになってまもない頃、庭に下りるとすぐにこう言ったそうだ。

「オウチニカエロウ。ショウコ、オウチニカエリタイ」

「ここはおうちなのよ」と母が言っても、「ウウン、チガウ」と言い張り、家の中に入るまで泣いていたという。

また、こんな話も母から聞かされた。

三歳になるかならないかというとき、父と母に連れられて列車に乗った。すると窓に顔を押しつけ、流れていく風景を見ながら、繰り返しこの歌をうたっていたという。

……だんだんおうちが遠くなる　遠くなる　今きたこの道帰りゃんせ　帰りゃんせ
「こんな小さな子がなんて上手に歌うのかしらって、車内の人たちが感心してね」

母は自慢したくてこの話を持ち出したのだろうが、わたしはそれを聞きながら、どうも私の旅行嫌いはもって生まれたものらしいと、なぜかほっとした。

旅行好きというと視野が広く、行動的で明るい性格というイメージがある。嫌いとなるとその逆だ。なにも自ら好んで悪いイメージを人に与えることもないから、そのことを口にしたことはない。

ところがつい最近、坂口安吾が旅行嫌いだったという本を読み、がぜん意を強くした。

（彼は）汽車に乗ることが第一に嫌いで、汽車に乗るということは果てしなく続くレールがあって、その上を走っているのだと思うと、とんでもなくわびしくなって何もわざわざ旅に出る必要などはないと思うそうであった。

（坂口三千代「追悼坂口安吾」）

とんでもなくわびしくなる――旅行が嫌いな理由は、まさにこの言葉に尽きる。家からだんだん遠ざかっていくわびしさといったらなく、なんでこんな思いをしなくてはならないのかと涙が出てくる。

ところで、旅行と遠足とは違う。遠足はその日のうちに帰ってくる。だから、小学校のときから高校まで、遠足には参加した。しかし、修学旅行は、中学も高校も行っていない。中学は日光で、高校は京都・奈良だった。

不参加の理由として、行きたくないのでとは言えないから、バスに酔うためということにした。中学の教師は、嘘だとわかっていたのだろうが、すんなりと受け入れてくれた。ところが、高校の担任はまだ若く、教師になって三年目だった。自分のクラスから一人でも欠席者を出したくなかったのだろう。

「バスに酔う？　だったら先生が酔わないための薬を探してきてやる」と言う。

「薬を飲むと、ジンマシンが出るんです」

「そういう体質の人が飲んでも大丈夫という薬を買ってくる」

担任があくまで行かせようとするのは、入学時から支払ってきた修学旅行積立金の事務上の手続きが面倒くさいのではないかと疑いたくなった。

いずれにしてもいっこうに埒があかないので、母から頼んでもらうことにした。親が申し出れば、教師も駄目だとは言わないだろう。

しかし、母は「一生のいい思い出になるのだから行っていらっしゃい」と言って、わたしの味方になってくれない。

「だったらいい、お父さんに頼むから」

父に話を持っていくと、いとも簡単に承知してくれた。

「京都も奈良もすぐそこじゃないか。行きたいときに行けばいいんで、なにも無理に行くことはない」

いずれ戻ってくる積立金を母から前借りして、同級生が旅行に出かけている間に新宿に行き、一日で全部使ってしまった。かねてから欲しいと思っていた服や靴を片っ端から買ったのだ。

大学というところは休みは長いし、地方から来ている人も多い。帰省するときについていけば、友達の家を拠点にしてあちこち歩き回ることもできる。旅行好きな人にとっては、大学での四年間は得がたいものだろう。逆に嫌いな人間にとっては、断る口実を見つけるのに頭を悩ます時期なのだ。

男の人はどうかしらぬが、女性というのは親しくなると、とかくこういう言葉が出る。

「今度みんなで旅行でも行かない？」

その段階で行きたくないというと角が立つから黙っている。

「旅行でも」と言っているので、「旅行」そのものを指しているわけではない。観劇という場合だってあるし、レストランでの食事に落ち着くことだってある。そんなふうに自分の都合のいいほうへ解釈する。

が、それが楽観的な考え方であることをやがて知らされる。

「この間の旅行の話だけど、ここなんかどうかしら？」

リーダー的存在の人が、そう言ってパンフレットを配る。

わたし以外の人はみな熱心にパンフレットを見ているから仕方なく見るふりをする。ところがその場に居合わせたというだけで、旅行に参加するものだと、なぜかそうなっている。旅行はいいもので、楽しいものだという大前提があるからなのだろう。

断るタイミングを逸してしまい、ずるずると行くはめになった旅行はかなりある。そのせいで、旅行嫌いというわりにはあちこちに行っている。しかし、一緒に旅行をして以前にも増して親しくなったという人はあまりいない。というより、わたしはもともとあまり人と親しくなりたいと思わない質《たち》らしい。それなのに旅行に行くとそうならなくてはいけないような脅迫観念にとらわれ、ひどく疲れてしまうのだ。

そういうなかで、わたしとしては珍しく乗り気になった旅行がある。

「卒業したらそう会えなくなるから今のうちに二人で旅行しない？　わたしの家を拠点にしてあちこち回りましょうよ」

仙台近くに実家のある友人が、そう言ってわたしを誘った。

学生時代の最後に、親友と一緒に東北を巡ってくるのも悪くない。そんな思いで出発した。そういうときに限って、思いもかけぬ出来事に遭うものらしい。

「まもなく仙台に到着します」とアナウンスがあった直後、列車が急停車した。それがマグニチュード六・五の大地震のためだったということを後でわかるのだが、その時点ではさほど大規模な地震とは思っていない。それが仙台駅から臨時バスに乗って彼女の家に向かう段になって、初めて事の重大さを知るのだ。

停電のため一面が闇で、その闇を切り裂いてバスは進む。ヘッドライトに照らしだされた道路沿いの家々はひしゃげ、潰れ、そこに人間が住んでいるとは思えないような光景だ。

幸い彼女の家は、造りがしっかりしていたのか無事だった。

その夜、わたしの寝ている真下が震源地ではないかと思えるくらい、ゴオーッという音が地の底から聞こえてくる。余震はどのくらいあったのだろう。しばらく数えていたが、面倒くさくなって寝てしまった。友人も家の人たちも、恐ろしさから一睡もできなかったそうである。

他人の家で、しかも、あれほどの揺れのなかで、よく寝られたものだと友人に感心されたが、鈍感だと言われたようでいい気はしなかった。

そのときのことを思い出すと、自分では繊細な神経の持ち主だと自負しているが、案外図太いのではないか。だとすると、ある日突然旅行好きになり、アフリカの奥地に一人で行こうなどと思う日が来るのかもしれない。

# クロとタロ

飼い犬が、夜は街中を自由に走り回っていた頃のことである。

わが家の二匹の犬、クロとタロが朝になっても帰ってこない。今まで一度もそんなことはなかったから、何かあったにちがいない、と母が言った。

犬殺し、という言葉がとっさに浮かぶ。その人たちを見たことはなかったが、母の話によると、針金を輪にしたものを犬の首に引っ掛けて捕まえるのだそうだ。犬が苦しがって暴れると、その針金がぐいぐい首を締め付ける仕組みになっているらしい。クロとタロの首に針金が食い込み、もがき苦しむ姿が浮かんでくる。

捕まえた犬を連れていく先がどこなのかを聞いた気がするが記憶にない。猫を盗んでいく人は三味線の皮にすると教えられたが、犬は何にされるのだろうと思ったことは覚えている。

「タロはぼんやりしているから、誰かに連れていかれるかもしれないけど、クロは違う」

母の意見に家族の誰もが頷いた。クロはそんな間抜けではない。タロとは違う。

「大丈夫よ。しばらくしたら帰ってくるから」

母はそう言ってみんなを慰めるのだが、翌日になっても、その次の日になっても二匹は帰ってこなかった。

家族中で捜し回ったが、一向に行方がわからない。

一週間近くたち、半分諦めかけていたところへクロが帰ってきた。げっそりと痩せ、毛はべったり体に貼り付いている。何日も食べていないことがその様子から見てとれた。

「タロは？　タロはどうしたの？」

クロに答えられるはずがないのに、母は懸命に訊く。

「誰に連れていかれたの？　今どこにいるの？」

クロは明らかに人間の言葉がわかっていた。それだけに、口がきけないことが悔しくてならなかったにちがいない。申し訳なさそうに、大きな体をこれ以上は小さくなれないと思うほど丸め、上目遣いに母を見る。

「クロ、タロのいる所に連れてってごらん」

それがわかればこんなに苦しんだりしない、クロの目はそう言っているように見えた。その表情から、タロはもう帰ってこないと思うしかなかった。

車に轢かれたか、あるいは盗まれたのか。クロは雑種だったが、タロは純血の秋田犬だった。

いい犬だと目をつけた人が連れていったにちがいないと、母は言った。

タロのほうがわが家にやってきたのはずっと後なのに、なぜかクロに対して威張っていた。犬の世界でも育ちがいいと優位に立つものなのだろうか。

雨の降る日、散歩から戻ると、クロは自分が濡れているにもかかわらずタロの毛をせっせと舐めてやる。その姿は兄が弟に対して世話を焼いているようにも、召使いが主人にたいして服従しているようにも見えた。

「タロ、威張るんじゃない！　自分のことは自分でしなさい」と母が叱ると、タロはきょとんとした表情をし、クロは申し訳なさそうな顔をした。

「まったくクロはひとがいいんだから」

わたしたちは、クロが犬のような気がしなかった。

どれくらいの日数がたったろう。一通の葉書が届いた。

ここ何日かうろついている犬がいるので保護したところ、お宅の住所が首輪に書かれていたので連絡した次第だと、そこには書かれていた。住所は品川区となっている。わが家は目黒区だったから、かなり距離がある。

母が大急ぎで迎えにいったところ、タロはそこの家族にすっかりなじんで、母を見てもさほど喜ばなかったそうだ。

なぜそんな遠くまで行ったのか。あれこれ話し合った結果、たぶんこういうことではないかと母は推測した。

犬を盗もうと思った人が自転車でやってきてタロを連れ去った。クロはそうさせまいと自転車と共に走り続け、盗んだ人の家に着いてもなお吠え続けた。うんざりした盗人はタロを手放した。うろうろしていたところを親切な人に出会い、タロは保護されたが、飼い主以外にはなつかないクロは遠い道のりを懸命に走って帰ってきた。

「そうだね、クロ」と、母はクロの頭を何回も撫でた。

クロは老衰で死んだが、死期が近づくと、しきりに人間の近くに来たがった。縁側のガラス戸を鼻の先で開け、わずかな隙間から体を滑り込ませて廊下に上がる。それから一ミリでも人間の近くに行こうと、廊下と居間の境の障子にぴたりと身を寄せ、わたしたちの話を聞いていた。

クロが死んだとき、誰もが泣いた。わたしが母の涙を見たのは、そのときが初めてである。

# 洋裁

母が自分の姑のことを語るとき、「手先の器用な人だった」というひと言が必ず入った。大塚末子のようになってもおかしくなかったという言葉も、耳にたこができるほど聞かされた。

「わずかな時間で、ささっと上手に縫ってしまうの」

繰り返し口にするところをみると、よほどそのことに感心したようだ。

それだけで終われば単なる姑礼賛でどうということはないのだが、その後にこう続く。

「笙子はおばあさんによく似ているから、きっと手先が器用だと思うの」

わたしが針と糸を見ただけでいらいらしてくる人間だということを、母はよく知っているはずだ。中学、高校と、洋裁の宿題はみな母にやってもらっていたではないか。

しかし、母は首を横に振る。

「だったら何が得意なの？ 勉強が好きなら別だけど、そうでない人間は何か一つでも得意なものを持たなくては」

母の言うとおりなのだが、それが洋裁だとは思えない。

「大学だって、勉強したくて行ったわけじゃないでしょう」

それを言われると耳が痛い。

「四年間ただなんとなく過ごすのは、もったいないじゃないの。洋裁が出来れば自分に似合う服が着られるのよ」

だから洋裁を習いに行きなさいというわけだ。

「お母さんの言うことを聞いておいてよかったと思う日が必ず来るから。週に一度、土曜だけでいいんだから」

その程度だったら、何とか通えるかもしれない。

そう思った瞬間を母は見逃さず、「ね、そうしなさい。習いにいくところは、もう決めてあるから」と言った。

電車で通う教室だと、さぼって映画館に直行するのは目に見えていたのだろう。母が探してきた洋裁教室は家から歩いて十五分ほどの所にあった。

戦争で夫を亡くし、女手一つで二人の子を育てたという先生は、洋裁を教える傍ら、服の仕立てをして生活を支えていた。手に技術があれば、女の人でもそうやって立派に生きていける。母は先生の生き方に姑の姿を重ねてもいた。

わたしが洋裁を習うことがそんなに嬉しいのか、母は土曜日になるのが待ち遠しくてならないようだった。

出かける時間になると先に門の外に出て、待ち構えている。そしてわたしが角を曲がるまでずっと見送っていた。

その当時は、ドレメか文化服装学院の製図で作るのが一般的だったが、先生は立体裁断という、その頃はまだあまり知られていない裁断をした。人間の体は一人ひとりみな違うのに、三ミリだ五ミリだと言うのはおかしい。それよりも着る人の体に合わせて作ればいいというのが先生の考え方だった。製図が簡単だったことが、わたしの洋裁に対する拒否反応を取り除いてくれた気がする。

大勢の中で習うと、他の人についていけないと思ったのだろう。母は個人指導のコースをとってくれた。先生と二人きりでは手を休めるわけにもいかない。時間さえたてば自然と服が出来上がっていくという仕組みになっていた。

最初のうちこそいやいや通っていたが、そのうち洋裁も悪くないなと思えるようになってきた。何もないところから形あるものが出来上がっていくというのは、他のものにはないおもしろさがあった。

仕事がきちんとしていると言って、先生は褒めてくれたし、母も才能があると言っておだてたが、学校を卒業するまでのことで、ずっと続けようとは思わなかった。

　四年間といっても、部活だテストだとしょっちゅう休んでいたから、実際に通ったのは半分くらいのものだろう。それでもスーツやオーバーまで縫えるようになったのだから、先生のお陰というしかない。

　わたしが作った服を着るときの母は、いかにも幸せそうだった。

　こんな着やすい服はない、と腕を上げ下げしてみせる。母の体型に合わせて作るのだから着やすいのは当然なのだ。

　近所の店に買い物に行くのでも、母はわたしが作った服に着替えて出かけた。

「娘が縫ってくれたんです」と自慢してくるのだ。店の人は相手が客だから大袈裟に感心してみせるのだろう。

　豆腐屋の奥さんが似合うと言って褒めてくれたとか、娘がいる人はいいわねって肉屋のおかみさんが羨ましがっていたとか、自慢げに話していた。

　母が亡くなった今、その服はわたしの箪笥の中にある。

# 母の日記帳

母の日記は、いつか家族の目に触れることを意識しているように思える。弱音をはいたり、愚痴を言ったりすることのない母だったが、だからこそ日記には本心が綴られていたはずだ。しかし、それらのページは切り取られている。そこにはどんなことが書かれていたのだろう。その時々の気持ちをぶつけるような記述がきっとあったにちがいない。

昭和二十年六月一日

三月十日は、はじめての夜間大空襲だった。主人は旅行中（北海道へ）。子供二人と藤井さんの防空壕に入れてもらった。あの夜の事は生涯忘れられないであろう。幸い目黒近辺は無事だった。北海道へ電話をかけて延に帰ってきてもらう。

二十七日には家も荷物もそのまま身体一つで東北一ノ関に向う。上野さんの奥さんの姉さんを頼って。

はじめてお会いした鈴木さん御夫妻だったが、とても頼りになる親切な人だった。家が見つかるまでの宿の世話から親身も及ばぬ世話になった。

宿に十日いて、山ノ目駅前の梁川さんの家に落ちつく事になった。梁川さんは役場にお勤めでとても真面目な方。

ともかく配給だけで暮らしておられる家庭。

家は暗くて日当りが悪く、湿気が多いのには困った。移ったとたんみんな風邪を引いてしまった。それでも四月の七日から五月二十八日までいた。

そのうちに、ここ山ノ目村の千田さんの家の座敷を借りる事になった。十二畳で部屋代二十五円也。（梁川さんの所は八畳で十五円）畳は新しく、南と西に縁側があり広々とした庭。その前に野菜畑あり。中々に感じ良き所なり。家の人たちも初印象よりだんだんいい人とわかってうれしい。子供たちも大よろこび。これで落ちつく事が出来る。食器類も一通り揃った。台所というものがなく、座敷でする。これがいけないけれど、仕方がない。その中に板の間にして流しも作ってくれるという話。これ位の事はがまんしなければならない。

今は農家にとって一番いそがしい時。まったく農家の人々はよく働く。よく身体がつづくと思う。

私も家の中がすっかり片づいたら、朝飯前の一働きというのをどうかしてやってみたいと思う。子供たちが寝ている間に、なんとか努力してやってみよう。

十二月三日

今日は私の誕生日。三十四回目の。長いこと日記をつけないでしまった。今日は延が来るといってよこした日だけれど、遂に来なかった。またまたのっぴきならぬ用事が出来たのだろう。八月十五日に、戦争も終った。悲しい結末で。日本がアメリカに無条件降伏をした。八月九日に主人が東京から来て、戦争は終るらしい、重大発表があるから、ラヂオをかけておくようにと言っていた。ちょうど終戦のラヂオの御放送は、一ノ関の駅で聞いた。雑音が入ってよく分らなかったけれど、終戦という事だけは分り、何かしら涙が出て来た。この日の事も終生忘れることはないであろう。これからどういうことになるのか、ともかく大変な事である事だけは感じられる。

昭和二十一年一月二十日

新しい年を迎えた。幸せにみんな丈夫な身体でいられることを感謝する。主人は四十歳になった。私は三十五歳、笙子は七歳、工は五歳になった。はじめての東北での冬は寒い。暖房さえ充分にすれば暮しよくなるのだろうが、農家の事とて天井は高く、それに風通しがよく出来ているので、火鉢にいくら炭をたいても暖くない。それでも日中陽当たりのよい時は暖かい。雪が多いのには驚く。太陽が照っていても、雪が降っている。一日中天気がよいということはない。それでも昨年の空襲の時の事を考えると、ずっとありがたい。

また、農家へ来た事は食糧事情からいってもよい事だった。子供たちにお腹一杯食べさせることが出来る。新聞で見ると此頃はいろんな点で大変な世の中になった。

戦災で家をなくした人たちの家の問題、衣類の問題、食糧不足、米供出不振、集団強盗が出て来たこと。

政治方面でも又大変だ。旧政党人はほとんどボイコットされ、新しく進歩党、社会党、共産党が名乗りをあげて来た。婦人に参政権も与えられた。私たちにとっては戦争に負けたことはかえって幸せだった。今はここ何年間かは大変な事であろうが、そのあとはきっとよい世の中になる。子供たちが大きくなる頃までには楽しい世の中になる事であろう。私ももっといろんなことを勉強しなければ駄目だ。今に子供に置いてゆかれてしまう。

この日付の後に、父が書いた一ノ関駅から千田家までの地図が挟まれている。母が読み間違えないかと心配だったのだろう、「岩手県西磐井郡山ノ目村字前田」の「磐井郡」には「イワイグン」、「千田元治」は「チダモトジ」とかなが振ってある。

また、父は仕送りのお金の使い道についても書き記している。なくなったらその時はその時、という母の性分を考えると、書かずにはいられなかったのだろう。


八月からは月給送金は百円しか来ない。月々の経費を百円程度であげること。

米四俵（一石六斗）の使い方は次のとおり。

一日七合、毎月二斗一升、内五升の配給あるものとして、毎月一斗六升不足するものとすれば、一石六斗にて九月から来年六月まで十ヶ月の補いとなる。従って他人にゆずった場合は、その金ですぐ補充しておくこと。

じゃが芋、塩等、買えたらいくらでも買っておくこと。


二十年六月二十二日の印が押された一関病院の会計書も入っている。そこには入院料、注射料のほかに、輸血、脊髄穿刺料が記入されている。患者名の欄には弟の名が記されている。

弟は疎開してまもなく大病をした。一時は命が危ぶまれる状態に陥ったらしいが、脊髄から液を抜く手術が成功し、奇跡的に助かったのだという。

疎開先でのことはほとんど記憶にないのだが、病室の光景は、そこだけが切り取られたようにはっきりと覚えている。

病室がそれほど広いはずはないのだが、わたしのいる所からベッドまでがひどく遠く感じられた。わたしはしゃがみこんだまま父と母の背中を見ていた。灯火管制が行われていたのか、部屋の中は薄暗く、ベッドの枕元だけがほんのりと明るい。ベッドに覆いかぶさるようにして弟を覗き込んでいる父と母の姿がシルエットとなって見える。

その二人の背中が大きく波打った瞬間があった。母がわっと声をあげて泣いた。弟が麻酔から覚めたのだ。


二十一年の夏にわたしたちは東京に帰ってきた。

わたしの記憶のなかに、真っ赤に熟れたトマトが鮮明に残っている。

トマトが庭いっぱいに生っていたのも驚いたが、もっと驚いたのは見知らぬ一家が住んでいたことだ。わたしと同じ年くらいの男の子と両親の三人家族だった。戦災で焼け出され、住む家がないのでわたしたちが帰ってくるまでという約束で住んでいるのだと、父が説明してくれた。

どのくらい一緒に暮らしていただろう。約束は約束だからと、父がその家の人に物陰で話しているのを聞いた記憶がある。それからまもなくだったと思う。その一家はわが家からいなくなった。

その翌年、二十二年にわたしは小学校に入学した。
母はこういう書き出しで、当時のことを書いている。

笙子チャンも四月からいよいよ一年生になるのね。生まれた時は早く学校に行かれるようになればいいと思っていたのに、早いものでいつの間にかもう学校に入るようになったのね。お父ちゃんはお父ちゃんで笙子たちに記録に残るようなものを書いておいてくださることでせうが、お母さんもまずしい文章ながら、笙子が自分で書けるようになるまで生活の記録をつけておきましょう。

昭和二十二年四月二十二日

入学日（鷹番小学校）
戦争がすんで、日本はアメリカに負けました。そのため、教育もすべてアメリカの意見通りにしなくてはなりません。それに加えて用紙の不足で学校が始まるまでに教科書が間に合わなくて、入学式が十一日になりました。
待ちに待った学校にゆける日になって、運悪く笙子も工も風邪をひいてしまいました。工は四十度近くの熱があったのですが、笙子は咳だけだったので午前中家の中ですごし、午後一時からの入学式にお母さんと二人で学校に出かけました。

笙子の嬉しそうな顔、お母さんも又、感無量でした。

おくれたかと思ったら案外そうでもなく、学校の入口に入学する子供の名前が組に分けて張り出してありました。

笙子とお母さんは一生懸命になって、笙子の名前を探しました。白、赤、黄、緑、水色と五組に分かれています。笙子の名前は白組の中にありました。花山敦子ちゃんと並んでいました。

その少し向ふへ行った所に、それぞれの先生がいらっしゃいました。先生から服につける紙をいただき、式場（二階）に行きました。笙子は白組の一番前に腰掛けました。そこでお母さんは後の方へゆきました。可愛らしい二百五十人の生徒とその父、母、姉、兄たちの人とともに式は始まりました。いろいろのお話があり、そのあと上級生の学芸会があって、式は終りました。

その間も笙子は咳ばかりしていたようでした。でもたいへん元気でしたので、大したことはないだろうと思っていたのですが、その咳がだんだんひどくなり、つひには中耳炎になりそうなので学校も休みました。氷で冷やさねばなりませんでした。入学式とその翌日（十二日）と二日行って、あと一週間お休みしました。

工は肺炎になり、四十度以上の熱が四日も続き心配しましたが、トリアノンという注射を打ったらその翌日から熱も下り、だんだん元気も出てきました。

折角待っていた学校にもゆけず、笙子はつまらなさそうでした。時々思い出しては泣いていました。

この頃お父ちゃんは、会社にもちっともゆかないで、毎日毎日二階の机の前に座ったきりで、完成しない原稿を書いていました。だからひどく怒りっぽく、一寸したことにも怒って、笙子も工もびくびくしていました。

はじめの四日間というものはお母さん一人で夜も寝ずに看病しました。五日目に肺炎と宣告されてはじめて驚き、下に来てみててくれました。

笙子や工を可愛がることは人一倍に可愛がるのですが、お父さんは我ままな人なので、とかく自分の仕事がなんといっても中心なのです。仕事、仕事で仕事に追いまくられ、外のことは一切かまわないというのがお父さんの気持ちだったのでしょう。

今日は四月十八日、やっと笙子も工も元気になり、お母さんはほっとしました。来週の月曜から学校にもゆけることでしょう。

学校から家庭調査表といふものが来ましたので、お父さんが書き、お母さんが学校に持って行って来ました。田上先生はまだ師範を出られたばかりの若い男の先生で、大変いい先生なので、お母さんも笙子のために大変うれしい。よく勉強して、立派な人になってくれますよう、お母さんは祈りますよ。

父が書いた家庭調査表を、母は控えておいた。それが十八の日付の後に挟まれている。

鷹番小学校　昭和二十二年度入学者家庭調査表に出した笙子の精神的な特徴（父親書く）

精神身体ともに普通と思います。強いて申せば脚部の発育がいくらか遅れているかと思います。長距離の歩行は苦手らしいです。

お言葉に甘えて、本人の性癖について日頃心に懸けていることを申上げ、よろしく御薫陶くださるよう、お願いいたします。

一　本人は総じて我儘な子供です。友だちと遊んでいるのを見ても、なにかにつけて自分中心にしなければ面白くないらしい。そういふ我儘な気持ちは、同時に友だちにたいする選り好みが普通以上に強いというようなところにも現れています。

一　我儘の反面、（ひっきょう裏返しにしたわがままなのでしょうが）本人はまた、人見知り、はにかみ、気後れ、見栄坊といった臆病さ、子供らしくない神経質さが普通以上に激しいように思います。

一　本人はまた、知恵や感情の点では、どちらかというと早熟であるように思います。早熟な知恵などというものはできるだけ抑えつけた方がいいというのが私の考へですが、愚妻などその点どうも甘ちょろくできているものですから、近隣の人びとからいろいろ誉められたりすると遂うれしくなって、本人が子供らしくなく過度にあれこれと知りたがり覚えたがることにたいして放任しておくようなことになっていました。その結果が、知恵だけはどうやら人並みにのびているようですが、反面自負心がつよくて、あきっぽいという性癖を助長させたように思います。

一　本人は自負心と臆病と、我儘と引込み思案という風な二様の弱点を持っております。おだてては増長慢ですが、また人から軽蔑されるということがあったりすると、子供とも思えぬような悲嘆の仕方をします。どうかそのへんのところをよろしく御賢察くだされ、御指導のほどお願い申上げます。

昭和二十四年六月十九日

幾年振りでこの日記をつけることでしょう。

現在笙子は三年生、工は一年生になりました。

前の日記をつけた時から現在まで随分その間には変ったことがありました。思い出すまま書いてみませう。

笙子は一年生の時は田上先生に教えていただき、はじめの頃よりだんだん笙子のよさもみとめられ、一年の終りには全上で、一番で二年生に進級することが出来ました。そして、二年生になり、新しい一年生を迎えるために、笙子たちは、田上先生指導の下に「にっぽんの子供」といふ劇をやることになりました。笙子の役は孤児ですが、大変に頭のいい心の正しい子供でした。

舞台の開くまえに、ひとり前に出て新入生へのお祝いの言葉をおくりました。たいそうハッキリとした言葉で、態度も立派でした。お母さんは涙の出る思いで、「よくやってくれた」と、心で笙子に感謝しました。

その頃です。お父さんがヒロポンという注射で頭がおかしくなり、ヒステリックになったのは。そのため、お母さんは遂に意を決して笙子たちを残して田舎にゆきました。九歳になった笙子は、その時の事は生涯忘れないでいるだろうと思います。お父さんだってお母さんだって忘れません。後で聞くと、笙子は夕方になると泣いていたんだってね。床に入ってもシクシク泣いていたそうですね。ごめんね笙子ちゃん。たとへ一週間といへども笙子を悲しみ苦しめた事は、ほんとうにお母さん申しわけないと思います。こんどはどんな事があっても笙子や工の側からはなれません。

それ以後はお父さんも注射をやめ、仕事も書く仕事でなく、外で働く仕事をするようになったのです。宇野重吉さんのすすめで民芸の仕事を手伝ふようになり、それから小沢栄さん（二人とも昔からのお父さんの友達）のすすめで俳優座の経営部の仕事をするようになりました。

そして、お父さんもやさしくなり、家の中は平和になりました。

# 雛人形

「こんなにいい顔のお雛さまは、今はもうないわ」

雛人形を飾るたびに母はそう言った。先祖代々受け継がれてきたものならば自慢の種にもなるが、それは古道具屋で買ったものだった。

子供の頃、母に連れられてその店に行った日のことをよく覚えている。

お金があれば新品が買えるのに、そう思っていることが母にはわかるのだろう。「うちのように買える家は幸せなのよ、雛人形を手放さなくてはならなくなった家の人のほうがずっと気の毒でしょう」と言った。

そのときの言葉が耳に残っているからか、雛人形を飾るたびに元の持ち主のことを考える。

このお雛さまは、きっと由緒ある家のものだったにちがいない。その家は没落したのだろうか、それとも戦争が何らかの形で影響しているのだろうか。

「ほんとにおっとりした品のいい顔をしている」

母はわたしに話しかけながらも、次々と人形を雛壇に並べていく。

「女の子が生まれたらその子にあげてね。その子にまた女の子が生まれたら、今度はその子のもの」

母は自分がいなくなっても、雛人形が次から次へと手渡されていく姿を思い描いていたのだろう。


結婚して家を出るとき、狭いアパートでは雛人形をしまっておく場所もなければ飾る所もないので置いていった。母は嫁入り道具の一つにと思っていたろうから、さぞがっかりしたにちがいない。

わたしに女の子が生まれると、母は人形を飾り、ご馳走を作って雛祭りをしてくれた。それが何年くらい続いただろう。永遠にそうしてほしかったが、そうそう甘えてもいられないので、団地へ越したのを機に引き取ることにした。

それ以来、雛祭りが近づいてくると、わたしは毎年重苦しい気分になっていく。

二月末から三月半ばにかけては、一年中で仕事が最も忙しい時期にあたる。そういうときに天袋から人形を取り出して、一体ずつ包んである薄紙をとり、頭に冠を載せたり、手に扇子を持たせたりしなければならない。三人官女も五人囃子も、持つものが決まっている。その手の格好に合わせて持たせたつもりでも、なかなかうまくいかない。そのうえ屏風、什器、牛車、立ち木、火鉢と、こまごまとしたものが多すぎる。それらを一つ一つ並べていると、忙しいのになんでこんなことをしなくてはならないのかと、だんだんいらいらしてくる。

娘に手伝わせようと思っても、幼いときは人形を壊しそうだし、大きくなればちょうど学期末試験と重なる。結局母に来てもらうことになる。

「娘のためでしょう、一年に一度のことじゃない」と、母は言うが、一年に一度だから、かえって億劫なのだ。

「一年に一度は箱から出してあげないと、お雛さまが泣くのよ」

母は毎年同じことを言った。

アパートより少し広くなったとはいえ、三部屋しかない団地では、お雛さまを飾るとまるまる一部屋占領されてしまう。近くで動き回ると、はずみで人形が転げ落ちてくる気がするから、自ずと忍び足になる。埃をかぶってはいけないと思うと襖を閉めたくなる。これでは何のために飾ったのかわからない。なんで人形にこんなに気を遣わなくてはいけないのか。

ぶつぶつ文句ばかり言うものだから、母もさすがにうんざりしたのだろう。

「そんなに面倒くさいならお内裏様だけでも飾ったら」と言う。

それは名案と、次の年に実行してみたのだが、実際にやってみるとそれもまた落ち着かないことがわかった。地位の高い者だけが陽の目を見て、下っ端の者は暗がりに閉じ込めたままというのはいかにも不公平な感じがする。これではお雛さまが泣くどころか怒りだす気がしてくる。やはり飾るのなら、全部がいい。そう思い直してその翌年からは元に戻した。

すると、母がまた気になることを口にする。

「すぐに片付けないと、そのうちの娘の婚期が遅れるんだって」

そして、迷信だけどね、と小声で付け加える。

迷信というのは、要するに教訓なのだろう。一年に一度の行事はきちんとしなさい。片付けるものはさっさと片付けなさいということなのだ。

出すのも一苦労。並べるのも大騒動。飾ってある間は気が休まらない。片付けるときはこれまた大騒ぎ。箱の中に全部入っていたのだから納まらないはずがないのに、なぜか余ってしまう。あれやこれや手間のかかることばかりなので、いつのまにか雛祭りをしなくなってしまった。だからといって雛人形のことを忘れたわけではない。デパートに雛人形が飾られる時期になると、その売り場を見ないようにそそくさと通り過ぎる。そして、家に帰ってきてから、天袋を見上げるのだ。

娘の結婚が決まったとき、これで親の役目はすんだとほっとした。と同時に、雛人形からも解放された気がした。

母はもういなかったから、「おばあちゃんの贈り物」と言って、雛人形を娘に手渡した。

「おばあちゃんがよく飾ってくれたね」と娘は懐かしそうな顔をする。

「お雛さま、大事にするからね」

そう言うと、娘は嫁入り道具の中にそれを加えた。

娘に、女の子が生まれた。

その子の初節句がまもなくやってくる。

# 産声

病院の待合室はいつも以上に混んでいた。椅子に座れたのは受付をすませてから三十分以上もたってからだ。それでもまだ二時間近く待たなくてはならなかった。

診察室に入ると、医者はカルテから目を離さぬまま「どうぞ」と手で椅子を勧める。わたしは医者の横顔を眺めながら、とうとう臨月になりましたね。赤ちゃんは元気ですよ、という言葉を待っていた。

医者はカルテから顔を上げると、わたしをじっと見据えて言った。

「目の前に何か白いものが飛んでいるような感じがしませんか？　息が苦しいとか、そんなことはありませんか？」

朝早く起き、掃除と洗濯をし、ラッシュの電車にもまれてきたくらいですから元気です、と答えると、医者は「それだからこの病気は怖いんですよ」と言った。

「入院！　入院しましょう」

最初のほうは傍らにいる看護婦に、後のほうはわたしに向けての言葉だった。

看護婦が電話でベッドの空きを確かめている。それを見ても、わたしは入院するのは自分ではないような気がしている。

こんなに元気なのだ。どこがどう悪いのか、まるで見当がつかない。

「血圧が二百を超えています。蛋白がプラス四。妊娠中毒症です。出産までの間、絶対安静にしていなくてはなりません」

そういえば、そういう名前の病気がお産の本に載っていた気がするが、わたしが病気になどなるはずがないと思い、ちらっと眺めただけだった。

ストレッチャーの音が近づいて来る。お産のときに乗るとは思っていたが、まさかこんなに早くになるとは考えてもみなかった。

「さあ、これに乗って」

看護婦の元気な掛け声につられて、勢いよく跳び乗ろうとして叱られた。

「お腹の赤ちゃんがかわいそうじゃありませんか」

それが最初だった。その後、そういう言葉をどれだけ聞かされたかわからない。お腹の赤ちゃんが苦しんでいる。お腹の赤ちゃんが泣いている。お腹の赤ちゃんが叫んでいる……。

病室は個室で、天井から床まで分厚い黒いカーテンが下がっていた。看護婦が重症部屋だと教えてくれた。自覚症状のまったくない重症患者というのもいるのだと、わたしはこの期に及んでもまだ他人事のように考えている。

病院からの連絡で、両親と夫がやってきた。父の驚き方といったらなく、今にもわたしが死んでしまうのではないかという顔をしている。夫は何が起こったのかよくわからないらしくただおろおろしていた。二人とも慰めるとか元気づけるとか、そんな余裕はまるでない。母だけが「長い人生だものいろいろなことがあるわよ」と、いつもの明るい口調で励ましてくれた。

「お産がすめば、すぐによくなるんですって。一か月もすれば産まれるわけだし、それまでのがまん、がまん」

母にそう言われると、一か月ぐらいたいしたことではないように思えたのだが、三人が帰ってしまい一人きりになると、一か月という時間がとてつもなく長く感じられる。

朝になっても、カーテンは閉じられたままだった。枕元に豆電球が一つあるだけだ。この暗さでは本が読めないからラジオでも聴こうと思い、家から持ってきてもらってもいいですかと看護婦に訊いたら、とんでもないと叱られた。見ること、聞くこと、話すこと、それに考えることまで禁止なのだそうだ。もちろんベッドから下りてはいけないし、寝返りをうつときも静かにそっとしなくてはならない。

「あなたが泣いたり怒ったりすると、お腹の赤ちゃんも泣いたり怒ったりするんですよ。あなたが考えごとをすると、お腹の赤ちゃんは苦しむの」

それではまるで植物のようになれということではないか。そんなこと出来るはずがないと言うと、そう思っている間は病気はよくならないと言われた。

事実一週間たっても、血圧はいっこうに下がらない。それはわたしが考えてばかりいるからだと看護婦に叱られた。

わたしだって考えまいとしているのだ。それなのにいつのまにか考えている。今日は暖かそうだ。もうすぐ春が来る。そう思った次には、いったい、いつになったら外に出られるのだろう。お産なんて誰もが簡単にすませてしまうことなのに、なぜわたしだけがこんな思いをしなくてはならないのだろう、と考えている。

「あなたが考えることが、お腹の赤ちゃんを苦しめているのがなぜわからないのですか」

看護婦に叱られるのも嫌だったが、それよりもお腹の赤ん坊を苦しめているというのがやりきれない。

考えまい、絶対に考えるのをよそう、そう決心しているそばから、もし赤ん坊に心があるのなら今どう思っているのだろう、無事に新しい世界に出ていかれるかどうか、不安でいっぱいにちがいない、と考えている。

「また考えていましたね」

「いいえ、考えていません」と言っても、赤ん坊の心音を聴くと、嘘をついていることがわかってしまうらしい。心音はそんな時、小さく弱々しい音になるようだった。

祈るような気持ちで、わたしは頭の中にあるいっさいのことを外に追いやろうとするのだが、どうしても頭の中は空っぽになってくれない。

どうにかそれが出来るようになったのは、入院して三週間が過ぎてからだ。

「血圧も落ち着いてきたし、蛋白も少なくなってきたので、部屋を移っても大丈夫でしょう。そのほうが気が紛れるでしょうから」

医者にそう言われ、大部屋へ変わることになった。

その部屋に入って真っ先に感じたことは、カーテンは黒より白がいいということだった。人の話し声や笑い声がし、授乳時間になると看護婦が赤ちゃんを抱いてくる。そこに移ってから、わたしは一日が短く感じられるようになった。

わたしと同じ病気の人たちばかりだというが、誰もそんなふうには見えない。みんなよく喋りよく笑った。話題は子供のことや夫のことが多かったが、時として病気のことに話がいくこともあった。

「お産の時に子癇が起きると危ないんですってね」

この話題になったときだけ、個室のほうがよかったと思った。

「昔、お産の時に親子ともども死んだなんて話がよくあったらしいけど、あれはこの病気だったんですって」

最後には、現代は医学が発達しているから大丈夫、というところに話が落ち着くのだが、そういう話を聞いた日は、わたしの血圧は一気に上がった。

「どうしてかしら」と看護婦は首をかしげたが、わたしの体は心よりも敏感に反応してしまうらしかった。

大部屋に移って五日目の朝、隣のベッドの山本さんが産気づいた。山本さんのお腹の子は双子だとすでにわかっていた。

「いってらっしゃい」

「がんばってね」

部屋の人たちの声に送られて山本さんは分娩室へ向かう。ストレッチャーの上で手を振る姿は、なんとなく弱々しげだった。

お昼が過ぎても山本さんに赤ちゃんが産まれたという知らせが届かない。看護婦に聞いても「まだなのでしょう」という返事しか返ってこない。

そのうち山本さんの夫と母親が病室に入ったり出たりし始めた。ベッドに腰かけていたかと思うと出て行き、一時間くらいすると戻ってくる。戻ってくるたびに、二人の顔色は明らかに悪くなっていった。

「苦しんでいるのね、きっと」

「双子だと、一人よりもずっと大変らしいわよ」

二人が出ていくと、部屋のあちこちでひそひそ話が起こる。

双子の片方の子が死んだらしいという噂が伝わってきたのは夕方だった。産まれた直後に死んだのだという。山本さん自身も体が衰弱して危険な状態なのだと、誰がどこで聞いてきたのか、その噂は一瞬のうちに広まった。夜になると、それを証明するかのように、山本さんの母親がベッド回りの荷物をまとめにやってきた。「お世話になりました」と挨拶する顔は土気色だった。

その夜、空になった隣のベッドを眺めているうちに、わたしは、自分の体がいつもと違っていることに気づいた。どこがどう違うのかわからないが、確かに違う。部屋の空気も、いつもと違って足りない気がした。窓を大きく開け放ち、外の空気を流し込みたい。

わたしの血圧は、二百をまた超していた。

「だめねぇ。せっかく下がったのに。興奮したらいけないでしょう」

看護婦の言い方は決して強くなかったのに、そう言われただけで涙が出てくる。

そのわたしの姿を見て、「ああ、赤ちゃんが苦しんでいる」と、まるで目の前にその赤ん坊の姿が見えてでもいるかのように、看護婦は大袈裟な驚き方をしてみせる。

「赤ちゃんが、かわいそう」

その言葉はもうたくさんだ。聞きたくない。

「どうしたの、いったい。気を鎮めなさい」

看護婦は、今度は高圧的な態度でくるつもりらしい。

「そんなに動いたらだめでしょう。先生にそう言われているでしょう」

わたしは動いてなんかいない。部屋の空気が少ないので息が苦しいから、ちょっと体の向きを変えただけだ。

「だめ、だめ。なぜ、そう暴れるの」

わたしは右足をちょっと上げてみた。何の理由もない。ただ上げてみたかった。上がればそれでよかった。

「まあ、なんてことするの！」

看護婦の声は、とうとう叫び声になった。

次は左足。わたしは入院して一か月近く、ただの一度も足を動かしたことがなかった。ちゃんと上がる。以前と少しも変わっていない。右足同様、わたしは左足もそっと下ろしたつもりだった。それなのにそれは、音をたててベッドの上に落ちた。

「先生を呼んできます！」

看護婦の駆けていく足音を聞きながら、わたしは何がどうなってもかまわないという気持ちになっている。赤ん坊のことも頭から消えていた。ただ息の苦しいのだけをなんとかしてほしい。医者は部屋に入ってくるなり、薬を飲ませるようにと看護婦に命じた。その口調と打って変わって、わたしに対しては幼子にでも言うように「大丈夫だからね。なんにも心配しないでぐっすり眠りなさい」と言った。

眠りにつくまで、わたしは心細さと怖さでどうしていいかわからない。目が覚めたら、何かがすっかり変わっている、そんな気がしてならなかった。

わたしは海の底にいた。

体は水分をたっぷりと含み、重く冷たい。どうしようもない無力感が全身を覆っている。海の上に出たい。空を見たい。私は爪先で海の底を蹴る。何度も何度も同じことをやってみるが、体は上がらない。私は溜息をついた。それが砂に震動を与えたのか、足元の砂が崩れ始めた。海の底だと思っていたのに、その下にもっと深い所があったのだ。わたしの体はどこまでも引きずり込まれていく。

絶望感は目覚めてからも続いていた。

陣痛なのか、かすかに痛みがある。

その痛みが強くなってくるのを待って、わたしは枕元のベルを押した。

深夜の病院は静まりかえっていた。そのなかをストレッチャーは音をたてて走る。分娩室に入った途端、真っ先に窓に目がいった。天井近く、横に細長い窓がついている。それ以外に窓はない。この部屋に窓は不要なのだ。枕元に大きな時計がある。形が大きいと、時を刻む音も大きい。隣の部屋に通じる扉は開いたままだ。隣で産湯をつかわせたり、目方を量ったりするのだろう。看護婦や助産婦が出たり入ったりしていた。

わたしはそれだけのことを台の上に載せられるまでの間に見てとった。冷静に見られたことがわたしを安心させた。大丈夫だ。わたしは落ち着いている。赤ん坊もわたしも両方とも、これから起こる出来事を乗り切ることが出来る。

産まれた、と思った瞬間、わたしの載っている台が突然回り始めた。そんなことはあり得ないとわかっていても、その台は遊園地にあるコーヒーカップの遊具のように勢いよくぐるぐる回る。わたしは振り落とされまいと必死に台にしがみつき人を呼ぶのだが、誰も気づかない。

赤ん坊が産まれた直後から、そこに居合わせた人たちの動きが急に慌しくなっていた。音をたてずに速やかに事を運んでいるのだが、何か大変なことでも起こったらしい。隣の部屋に全員入り込んでしまっている。

それが産声をあげさせるためだとわかったのはややたってからで、それまで、皆はいったい何をやっているのだろうと考えていた。

産声が、聞こえない。赤ん坊は、まだ生きていない。そうわかった時、わたしはこんなことをしていられないと思う。台から跳び下り、赤ん坊の所へ駆けていかなければならない。そしてなんとしてでも大きく息を吸わせなくてはならない。

そう思っても、わたしは台の上にだらしなく寝かされ、そこから振り落とされまいと台にしがみつくことしかできない。

わたしの叫ぶ声が聞こえたのか、ひとりの看護婦が枕元に駆け寄ってきた。そして、慌しくわたしの腕に血圧計のゴムを巻く。その手を休めずに「台が回るって、どう回るの？」と訊く。訊いておきながら、わたしが答える前に「二百を超えているじゃない！」と叫ぶと、血圧計を放り出したまま部屋を飛び出し、廊下を駆けていった。

その足音をわたしはずっと心の中で追っていたが、ある所でそれがすっと消えた。そして、今度その音が戻ってきた時には大勢の足音になっていた。

医者と看護婦がなだれ込むようにして部屋に入ってきた。一人の医者が注射の用意を命じている。違う医者が、わたしの瞼をこじ開け、小さい懐中電灯のようなもので目の奥を覗く。

突然、わたしの腕に太い注射針が突き立てられる。それきりで、針を抜かれた時をわたしは知らない。

目が覚めた時、雨が降っていた。

高い窓に雨の滴が流れていく。外灯の光に照らされて、滴は輝きながらガラスの上を滑っていった。

何の音も聞こえない。一切の音がこの世から消えてしまったようだ。

「目が覚めましたか?」

誰もいないと思っていたら、部屋の隅に人が座っていた。

部屋の灯りは、そこまで届かない。

「よかったわね。女の赤ちゃんよ」

いつもわたしを叱りつけている看護婦の声に似ている。

「おめでとう。お母さんになったのよ」

私の中に喜びが広がっていく。この時をどれだけ待っていたろう。よかった、無事に生まれたのだ。そう思うそばから、いや、本当にそうだろうかという疑いが頭をもたげる。

わたしは産声を聞いていない。赤ん坊が大きく息を吸ったその瞬間を知らないのだ。

「お母さんが眠った後に、赤ちゃんは泣きましたよ」

看護婦は明るい声で言う。

「でも、小さい赤ちゃん。かわいそうなくらい小さい赤ちゃん」

この時、元気な大きな赤ちゃんと言われたら嘘だと思ったろう。小さい赤ちゃんという言葉に、わたしは安心したのだ。大丈夫だ、赤ん坊は生きている。

確かにその時、赤ん坊は生きていた。

産まれて三日間生き、そして、死んだ。

わたしはそれを知らずに、いつになったら赤ん坊に会えるのかと、その日を待っていた。大部屋から個室に移されたのは、産後四日目だ。

ほかの赤ちゃんがお母さんに抱っこされているのを見るのはつらいだろうから、というのがその理由だった。確かに授乳時間になり、母親の胸に抱かれる赤ん坊を見れば、わたしだって早くそうしたいと思う。でも、保育器に入っているのだから仕方がない。わたし自身がそう割り切っているのに、周りの人たちが気の毒がる。なぜなのか、わたしは不思議でならない。

看護婦が大きな氷嚢を持って部屋に入ってきたのは、個室に移った翌々日だ。

「どうしてお乳を止めるのですか?」と訊くと、「だって当然でしょ。こんなに体の弱っているお母さんのお乳を、赤ちゃんにあげるわけにはいかないもの。赤ちゃんには元気なお母さんのお乳を貰ってあげますよ」と看護婦は言い、ごつごつした氷の入っている氷嚢を乳房の上にのせた。

その瞬間、氷のしんとした冷たさは、青筋がたつほどに腫れ上がった乳房を突き抜け、体の奥のほうにまで広がっていった。

氷嚢が胃にあたっていたのを知らずに眠っていて、胃痙攣を起こしたことがあった。

「かわいそうに」と夫は涙ぐんだが、それはかわいそうなことだろうか。ただ単に寝相が悪かったというだけのことではないか。

「病気になんかなって情けないお母さんだけど、赤ちゃんのほうは立派だよ。元気な声で泣いていますよ」

回診のたびに、医者は赤ん坊の様子をくわしく知らせてくれた。

看護婦も「女の子は大きくなると、お母さんのいい話し相手になるから楽しみね」と笑った。

「赤ちゃんの顔を一日に一回見ないと落ち着かない」と言って母は毎日やってきた。その顔は初めて孫を持つ喜びに溢れていた。

わたしの身の回りの世話を一通り終えると、「赤ちゃんをちょっと見てくるわね」といそいそと部屋を出ていく。そして三十分くらいして戻ってくると「今日はこんな格好をしていたわよ」などと言って、手足をくにゃくにゃ動かして赤ん坊の真似をして見せる。

母はその時、どの赤ん坊を見てきたのだろう。

二週間がたち、わたしは医者から真実を知らされた。

それだけの時間が必要だったことを医者は告げると、わたしがどう反応するか、じっと見つめて目を離さない。

大丈夫です、と言いたかった。

哀れまれるのはごめんです、とも言ってやりたかった。

要するに、わたしは子供を犠牲にして、自分だけが助かったというわけですねと、からんでもみたかった。

でも、結局、何も言わなかった。声を出すのがひどく億劫だった。

「元気を出して」

看護婦はそう言って、わたしの肩を軽くたたく。

「ともかくお母さんの体が早くよくならなくては……」

そうでしょ、というように看護婦はしきりにわたしのことを気遣う。そこで子供を失った母親はわっと泣き出す、と思ったら大間違いだ。わたしは他人に涙を見せたりはしない。

医者はこれだけ気の強い人間なら大丈夫だと判断したらしい。わたしからゆっくりと目を離した。

死が悲しいのは共有した時間があるからだ。わたしは赤ん坊の顔も見ていなければ、声も聞いていない。

わたしの中に確かに赤ん坊は存在していた。それがいなくなったと言われても、はい、そうですかと言うわけにはいかない。いつ、どんなふうに死んでいったのか、死因は何だったのか、きちんと教えてもらいたい。

それを口に出して言ったような気もするが、心の中で思っていただけかもしれない。たった三日間という命では、死因などというたいそうな言葉は不似合いなような気がしていたから、たぶん何も言わなかったのだろう。

目に見えぬ大きなものに騙されているようで、わたしはどうすればいいのかわからない。どんなにあがいてもどうにも出来ないことが起こったことだけは理解できた。赤ん坊は死んだ、その言葉だけが頭の中をぐるぐる回っていた。

医者と看護婦がいなくなると、部屋の中が急にがらんとした。

赤ん坊にすでに感じる心があったら、どんな気持ちだったろう。そのことばかり考えた。悲しかったろうし、寂しかったろう。まだ生まれてきたばかりではないか、なんで死ななくてはならないのか、やりきれない思いでいっぱいだったにちがいない。

人間は誕生した瞬間から死に向かって生き続けると言うが、その子は生まれる前から死に向かっていた。それは、いったいどういうことなのか。わたしにはわからないことばかりだった。わたしは十か月の間、自分のなかに生命を育んできた。なのにその新しい命は自らの中に死を育んでいた。わたしは生と死を同時に抱え込んでいた。そういうわたしという人間はいったい何なのか。

お産がすめばすぐに治る病気だと言われていたが、産後二か月が過ぎてもわたしは一向によくならなかった。

「考えごとばかりするからですよ」と、看護婦は叱るが、「お腹の赤ちゃんがかわいそう」とはもう言えない。それをいいことに、わたしは考えることをやめようとしなかった。

夢を見たのでしょう、と医者は言うが、わたしは確かに赤ん坊をこの目で見た。でも、夢だと思われていたほうがいいので、そうかもしれませんと答えた。

乳児室からなのだろう、赤ん坊の泣き声が窓の隙間から入り込んでくる。それを聞いているうちに、突然、泣き声が形に変わった。変わったその瞬間は、見ることができなかったが、気がついたら泣き声が一枚の薄い紙になっていた。その薄い紙の赤ん坊は、壁伝いにするすると天井に向かって上っていく。そしてわたしのベッドの真上まで来ると、天井にぴたりと貼り付いた。そしてわたしに向かってにっこり笑った。いかにも楽しげで、今にも声をたてて笑うのではないかと思えたくらいだ。

わたしが記憶しているのはそれだけだが、他にもわたしの目には、不思議な出来事がいろいろ映っていたようだ。

体が治る前に、精神を病むことにでもなったら取り返しがつかないという理由で、わたしは退院を許可された。その代わり家に帰っても絶対安静にしていることを約束させられた。

病院の玄関に立ったとき、赤ん坊を抱くはずの両の腕がひどく手持ち無沙汰だった。どうすればいいのか迷ったが、普通にしていればいいのだと思った。

入院した時は冬だったのに、初夏になっていた。

# 坂道

山の斜面を切り崩した所に建てられた団地に帰るには、つづら折りの坂道を上らなければならない。赤ん坊をおんぶし、胸に着替えの入ったリュックを抱え、左肩にショルダーバッグを提げた姿は、通りすがりの人の同情を買うらしい。

「大変ですね」

自転車を押しながら坂道を上ってきた人が、追い越しざまに話しかけてくる。

「重いでしょう?」

スーパーのビニール袋を持った女性が、背中の赤ん坊を覗く。

犬を連れている人、散歩中の人など、追い越すときもすれちがうときも、誰もが思わず声をかけたくなるものらしい。そのたびに、重いけれど温かく、苦しいけれど幸せだということをその人たちに伝えたくなる。

平らな道を歩いているときには、立ち止まらなくては空は見えない。が、坂道を上るときは、たえず前方に空がある。大空の下に高い木々が立ち並び、風に吹かれて大きく小さく揺れている。この光景は、赤ん坊の目にどう映っているのだろうか。

道の両側には、コスモス、ミズヒキ、ノジギクの花が咲いている。花を美しいと感じる心は、いつどのようにして生まれるのだろう。

わたしが孫を保育園に迎えに行くようになったのは、今度はわたしの番だと思ったからだ。娘が仕事を続けていくためには、今度はわたしが娘を助ける必要がある。わたしが仕事を続けてこられたのは母の協力があったからで、子供が病気になると始発電車で来てくれた。母は仕事を持っていなかったからそういうことができたが、わたしにはそれだけの時間の余裕がない。できることは限られている。

娘夫婦の仕事は朝ゆっくりでいい分、帰りが遅い。わたしは六時台に家を出るかわりに帰りが早い。それで、保育園の迎え役を引き受けることにし、調布の家に荷物の大半を残して娘の家の近くに住むことにした。ベランダで手を振れば見える距離だ。

仕事を終えると、わたしは毎日保育園にとんでいく。電車に乗って一時間。駅から歩いて五分ほどの所、高幡不動尊の山を背にして保育園は建っている。

門をくぐると、山から下りてくるひんやりとした空気が園庭にただよっている。そこを歩いていくと、子供の手をひいた若いお母さんたちとすれちがう。

「さようなら」

「さようなら」

すれちがいざまに口にする言葉は、昔も今も変わらない。

園庭の突き当たりがゼロ歳児の部屋だ。ドアをあけた途端、保母さんたちの「おかえりなさい」の声がいっせいにあがる。

「たくちゃん、おばあちゃんよ。おばあちゃんがお迎えよ」

たくちゃんというのが自分で、部屋の入り口近くに立っているのがおばあちゃんで、その人がいま自分を迎えにきたなどということがわからなくても、赤ん坊は懸命にハイハイをして、差し出したわたしの腕の中へとびこんでくる。

「たくちゃん、よかったわね。おばあちゃんが早くお迎えに来てくれて」

「おばあちゃん、お帰りなさい。ぼく、元気でしたよ」

「おばあちゃん、ぼく、お利口さんにしてましたよ」

保母さんたちが口々に言う。

ゼロ歳児は九人いるのだが、その九人に対して、保母が三人、看護婦、栄養士がそれぞれ一人ずついる。わたしが迎えに行く時間帯は、延長保育の保母さんとの引継ぎの最中だから、全部あわせると赤ん坊の数と同じくらいになる。その人たちから「おばあちゃん」「おばあちゃん」と言われると、なんだか急に年寄りになった気分がしてくる。

孫が生まれたらその子に何と呼ばせよう。ああでもないこうでもないと思案した結果、対等の関係で付き合っていくには名前がよいと思いついた。「しょうこさん」にしよう。しかし、その思いつきは、保母さんたちの「おばあちゃん」の連呼で、もろくも崩れ去った。

時折、息子を保育園に迎えにいった頃のことを思い出す。

「たろうちゃん、お母さんよ。お母さんがお迎えよ」

そのときも赤ん坊は、一生懸命にハイハイをして近づいてきた。

「たろうちゃん」が「たくちゃん」に、「お母さん」が「おばあちゃん」に変わるのに、三十年もの時間がたっている。


誕生を過ぎると体重が急に増す。冬物は着替えの荷物もかさばる。背中と胸にずしりと重みを感じながら、足を踏みしめ、坂を一歩一歩上っていく。

雑木林を吹き抜ける風の音がする。月明かりの下で、木々が大きく揺らいでいる。赤ん坊の目に、この光景が不気味に映ってはいないだろうか。

雑木林の手前に柵があり、ライオンが両手を広げた絵の立て札がある。ここまで来れば、家まであともう一息だ。

春になれば歩けるようになる。早く春になってほしい。春よ来い、早く来いと、何度も心の中で歌う。

その春がやってきた。木々がいっせいに芽吹き、坂道の両側には青草が広がる。ハナズオウが紅紫色の花を枝に張りつかせ、サンシュユが黄色の花を咲かせる。つくし、すみれ、たんぽぽ。ヨチヨチ歩きの幼児になんと似つかわしい植物たちか。

すみれの色がこんなに何色もあるとは知らなかった。空の青さも、山吹の黄色も、椿の赤も、今まではただ色として目の前を通り過ぎるだけだった。柔らかい小さな手を握りしめて歩いていると、それらは色としてだけでなく、もっと柔らかなもの、もっと温かなものとして目に映る。

「空は大きいね。どこまでも広がっていて……」

わたしは両手を広げてみせる。それを幼な子が真似をする。

「風で木の葉がくるくる回っているでしょ」

手をつぼめて回してみせると、同じようにする。

「坊や、がんばってるね」

「アンヨが上手になったね」

すれちがう人たちに向かって、幼児はバイバイと手を振ることもできるようになった。

夏が過ぎ、秋になった。

二歳児はもう自由自在に歩き回ることができるし、言葉もかなり覚えた。その言葉を観察していると、意外なことに気づく。「とても」「やっぱり」「すぐ」など副詞を使いこなすことができるのだ。そのくせ太陽と月の区別がつかない。

秋の終わり近くになると、坂の途中で日が沈む。そして、月が昇ってくる。月が明るいからだろう、月を見て「オヒチャマ」と言う。「オツキサマ」と何度言っても、「オヒチャマ」になってしまう。

単語ではなく文にし、「オヒサマ、サヨウナラ」と手を振り、「オツキサマ、コンバンハ」と月に向かってお辞儀をさせたら、やっとわかった。


冬になってまもない頃、その坂道で狸を見かけた。といっても、そのときは狸とわからず、犬にしてはまるっこいし、猫にしては大きすぎる動物が目の前を横切ったと思っただけだった。

翌日、団地内を清掃している人にそのことを話すと、それは狸だと言う。花壇の種をほじくりだすので、困っているとも言った。

「でも、かわいそうといえばかわいそうなんですけどね。モノレールの工事が始まったときに家族はどこかへ移っていったんですけど、あの狸は年寄りだから置いていかれちゃったんですよ」

狸の家庭事情になんて精通しているのだろうと感心して聞いていると、「それに病気持ちだし」と言い添える。腹から背中にかけて皮膚病にかかっているので、毛が抜け落ちて真っ白なのだという。

そんな侘しい狸にはもう会いたくないと思っていたのに、数日後ばったり出会ってしまった。日曜の昼、おにぎりを持って孫と二人でお不動さんに行こうと坂道を下りていくと、ライオンの立て札の前に、狸がちょこんと座っていた。孫は驚いて体を固くする。狸の腹の回りはぐるりと抜けおちていて白くなっている。何かに似ていると思ったらフーテンの寅さんの腹巻だった。家族に捨てられた年寄りと思って見るせいか、いかにも寂しそうだ。

もぞもぞと狸が体を動かした。とっさに孫はわたしにしがみついてくる。そのくせ気になるのだろう。首をねじ曲げて狸をそっとうかがう。

「狸さんにおにぎりあげようか」

「イイヨ」と言うので、おにぎりを狸の目の前に置いた。当然口にくわえて雑木林のほうに去っていくのだと思っていたら、その気力もないのかその場で食べ始めた。

それ以来、孫はそこを通るたびに、「タヌキガタクチャンノオニギリタベチャッタ」と言う。

この冬は雪がよく降った。一度目の雪の日、林のほうに駆けていく黒い影を見たが、それ以来見かけていない。

再び春が来た。孫はひよこ組からあひる組になり、いまはうさぎ組だ。大人とよりも友達といるほうがずっと楽しいらしく、わたしが迎えにいっても、「イマ、タクチャンデンワシテルノ」と、おもちゃの受話器を握って放さない。

「コウチャントデンシャデアソンデイルカラ、カエラナイ」

「たくちゃん、おばあちゃんが待っているわよ」と、保母さんに抱えられても、帰りたくないと言って足をばたばたさせる。

「くまさんが、たくちゃんまだかなって、おうちで待っているかもしれないよ」

大好きなぬいぐるみのくまが目に浮かんだのだろう。やっと帰り支度を始める。

それでも門を一歩出れば、元気に歩き出す。坂道にさしかかると、足どりにいっそうはずみがつく。

坂の両側には、今年もまた花々が咲き乱れ、青草が広がっている。そこをわたしたちは手をつないで歩いていく。

でももう、一人のほうがいいのだろう。

「タクチャンノホウガハヤイヨ」

そう言ってわたしの手を振りほどくと、目の前を駆けていく。

# 背中越し

出がけにどうしてそういうことを言うのかね、と父はよく母に文句を言った。それ以外に機会がないのだから仕方がないのに……。子供の頃、わたしはそう思いながら父と母のやりとりを見ていた。

朝食を食べるとき、父はすでに新聞を広げている。優に一時間は読みふけり、しまった、こんな時間だと慌てて出かける準備を始める。支度が終わり出かける直前になって、やっと母が声をかける機会が訪れるのだ。

お金のことは言いにくい。だから母はさりげなく口にする。そろそろなくなる頃だとわかっているのだから、父はそんなにびっくりすることはないのに、わざと驚いているように見える。財布の中身が乏しいのだろう。

「これでなんとかやってくれ」

父が上着のポケットから財布を取り出す。

お金の話は言うほうも言われるほうも、傍らで見ている者も同じようにつらい。働いてお金を稼ごうと、なぜ母は思わないのだろうか。わたしだったらそうする。母を見ていて何度もそう思った。

父がなんとかしてくれる、母はそう信じていたのだ。実際父は借金をしてでも、女房子供を路頭に迷わすようなことはなかった。父に限らず、明治の男というのはそういうものなのだろう。

年の暮れが近づいてくると、父と母とのやりとりがひんぱんになる。母は相変わらずのんびりした口調でお金がなくなったことを告げるのだが、それが父には気にくわない。普段はおっとりしている母を好ましく思っているくせに、自分がいらいらしているときだと癇にさわるらしい。母が声をかける時間が次第に遅くなり、靴を履いているときに父の背中越しに言うようになる。

この光景を見なくてすむのなら、自分の部屋に隠れていたいところだが、父が出かけるときは家族揃って見送るのが決まりとなっていた。

大晦日の朝、声をかけられても父にはどうすることもできないのだということを、わたしは新聞を読んでいる姿から感じとる。いつもと違って眼は字を追っているだけだ。

「早く帰ってくるから」

そう言って父は出かけていく。そして本当に早く帰ってきた。

「さあ、買い物に行こうね」

母が買い物籠を手に提げる。わたしと弟は、歓声をあげながらついていく。

闇市の名残があるマーケットは、「おしまいだからまけとくよ！」という声が飛び交っている。その声の間をすり抜けながら、母は手際よく品物を手に取っていく。見失わないようにわたしと弟は懸命に母の後についていく。

両手いっぱいに買い物をした母は「おいしいものを作るからね」と、意気込む。

大変だなあ、お金持ちは今頃すべて終わってのんびりと過ごしているだろうに。労わる気持ちでそう言ったのに、「お金持ちを羨ましがってどうするの！」と母はわたしを窘めた。

「お餅ひとつ食べられない子だっているのよ」

母は疲れているのだ、と思った。父の算段がつかないのではないかと気を揉んでいたのだろう。無事に食料も手に入ってほっとした途端、疲れが出たのだ。


どうにも年を越せない時があった。

「役者たちに餅代も渡せない」

父が母に向かってそう言っているのが隣の部屋から聞こえてくる。ふだんだったら仕事の話は家ではしないのに、気持ちにゆとりがないのだろう。

「もうお母さんのほうの親戚からは無理だろうな」

父は、母の妹の家から時折り用立ててもらっていた。妹が働いていたわけではないから義弟に頼むことになる。母としてはその都度、肩身の狭い思いをしていたにちがいない。

「東出から借りたのはまだ返していないし……」

東出さんは函館商業の後輩で、父の仕事の最大の理解者だった。父はどれだけ金銭的に助けてもらったかわからない。

「仕方ない、節子に頼むしかない」

北海道の片田舎で酒屋を営んでいる程度では、人に貸す金などあるはずがない。それに本来なら長男である父がその店を継ぐべきなのに、父が東京に出てしまったので妹が婿をとって店を守っていた。

これが最後だからと言い含め、父は妹にかなりの額を借りたらしい。

北海道からお金が届いた時のことを覚えていれば父と母の喜ぶ顔が浮かんでくるのに、その記憶がまるでない。父が劇団の人に餅代を渡すことができほっとしたというのも、母から聞いて知っているだけだ。

覚えているのは、「間に合った！」と、母が小躍りしながら玄関を出ていく姿だ。

わたしと弟を連れていく時間の余裕がなかったのだろう。門の外で見送るわたしたちを尻目に母は駅のほうへ向かって駆け出した。小学校の頃、かけっこはいつも一番だったと自慢するだけあって、あっという間に角を曲がって行ってしまった。

なんの趣味もない人間だからせめて一つぐらいは贅沢をさせてくれ、そう言って父はよくタクシーに乗った。

電車賃がもったいないと言って二駅ぐらいなら歩いてしまう母とあまりにも違いすぎる。

「お父さんは勝手よね。お金がないっていつも言っているくせに」

母のことを思って言ったのに、「お父さんは仕事が忙しいから歩く時間がもったいないのよ。お母さんは暇だから」と、父を弁護する。

確かに父はお酒を飲むわけでなし、仕事が趣味みたいな人だ。母の言うとおり、タクシーに乗るのも仕事の一部なのかもしれない。

タクシー代があまりにもかかるのでそれならいっそ車を買ってしまおう、父はそう思ったらしい。

その頃、父は東映の嘱託プロデューサーをしていた。映画で得た収入を劇団につぎ込んではいたが、年に三本もの作品を手がけていたから、以前に比べ生活が楽になっていたのだろう。

父は運転手さん付きの車で出かけるようになった。

高校生の頃、ほんの短い期間だったが、わたしはお嬢さま気分になれたのだ。

子供を車に乗せるなど教育上よろしくないと言っていた父が、その日はどういう風の吹きまわしか、途中まで乗せてくれるという。

早く支度をしないと乗せてやらないよと言っているくせに、父はのんびりと煙草を吸ったり新聞を読んだりしていた。早くしてくれないと約束の時間に遅れてしまう、そう言いたいのだが、それなら電車で行きなさいと言われるに決まっているので、「先に車に乗ってるね」と、靴を履いた。

わが家は通りから十メートルほど奥まった所に建っていて、門から玄関までは正方形の敷石が置かれていた。

すでに車は来ていて、ドアも開けられている。運転手さんは外に出て待っていた。

わたしは敷石の上を跳びながら車に向かった。

ホップ、ステップ、ジャンプ。それを三回繰り返し、三度目のジャンプのところで頭を屈めて車の後部座席に納まる予定だった。

ホップ、ステップ、ジャンプ、成功！　と思った瞬間、顔中が生ぬるい液体で覆われた。痛いと感じたのはその後で、一瞬何が起こったかわからなかった。

ジャンプに失敗して、ドア上部の車体におもいきり額をぶつけたのだ。

運転手さんが叫びながら走っていく。続いて父と母が大声をあげてこっちにやって来る。

「タオルを持ってこい！　ガーゼと包帯もだ！」

父が興奮した声で母に命じている。

母が顔を拭いてくれたタオルは、絞れるほどの血の量だった。目が見えるようになると、急に悲しくなった。

これで今日の約束はおじゃんだ、なんてことをしてしまったのだ。わたしが泣いたのは悔しかったからで、痛かったからではない。

なのに、父は「もう少しの我慢だ。医者に診てもらえばすぐ痛くなくなる」とわたしを励ます。いつもなら何をばかなことをやってるんだと叱るところなのに、父は妙に優しかった。

父と母が乗り込むと同時に車は発進した。

父は押し黙ったまま、ひと言も声を発しない。自分がさっさと支度をすればこんな事にはならなかったのだと後悔しているのだろう。

その外科医院は、洋風の建物で、横板に塗られた水色のペンキが所々はげかかっていた。患者の来ない医者なのだと思った途端、急に不安になった。待合室には患者が一人もいない。こんな寂れた医院でほんとうに大丈夫なのだろうか。

父も母も同じことを考えたにちがいない。が、二人とも医者を選んでいる場合ではない、一刻の時間を争うと思ったのだろう。わたしを両脇から抱きかかえると、診察室へと向かった。

わたしは建物の様子から、顔色の悪い痩せた白髪の医者を想像していた。ところが目の前に現れたのは小太りの中年の医者だった。予想がはずれたことがなんだか不愉快だった。

医者はわたしの額をちらっと見て、「ああ、これね」と言った。その言い方がいかにも人をばかにした口調だったので、また一段と腹が立った。

「額を切ると血が大量に出るので、皆さんびっくりするんですが、たいしたことはないんですよ」

父と母は安堵の声をもらしていたが、わたしはとてもそんな気分になれなかった。その言い方はないのではないかと思った。

「痛かったでしょう。でも、もう大丈夫ですよ」というひと言がなぜ出ないのか。それをひと目見るなり、「ああ、これね」とはどういうことだ。だから患者も来ないのだ。

「女の子ですから、跡が残らないようにお願いします」

父が医者に頼んでいる。

女も男も関係ないといつも言っているくせに、こういうときだけそういうことを口にする父にも腹が立ってきた。

「それじゃあ、薬でくっつけましょう」

縫うのではなく、皮膚をつき合わせて薬でつける方法があるのだという。父と母は新しい技術だと言って感心しているが、わたしはどうも納得できない。布だって繋げるときは下布を当ててその上を縫うではないか。皮膚だって同じことだ。のりみたいなものでくっつけたら、何かのはずみでぱかっと口が開いてしまうことだってあるだろう。

わたしがどんなに不愉快そうな顔をしていても、医者も親も傷が痛いからだと思っている。わたしは仏頂面をしたままで治療を受けた。

それからずいぶん長い時間がたったけれど、その時の傷は今でも残っている。

# 公演・あと先

「芝居になりそうな本はないか」

父はよくわたしにそう訊いた。

たくさんの人に同じことを訊いていたにちがいない。たぶんわたしもその一人だったのだろう。とっさに二、三冊の本の題名を言わないと、なんだ、本も読んでいないのかと軽蔑した顔をする。その顔を見たくないから、いつ訊かれてもいいように準備はしてあった。

しかし、わたしが口にする本のほとんどを父はすでに読んでいた。そんなのはとっくに読んだよ、今頃読んでいるのかとあきれたように言う。

仕事柄当然なのだが、父は古今東西の戯曲はもちろん、近代小説もすべてと言っていいくらい読んでいた。ほかの劇団より先に版権を取ろうと思うから、これと思う作家の本は発売と同時に手に入れる。それだけではない。埋もれている才能を見出したいのだろう。同人誌やガリ版刷りの冊子にも目を通していた。

わたしが読んでいて、父が読んでいない本などあるはずがない。

それでも訊いてくるのは、わたしがちゃんと本を読んでいるかどうかを確かめたかったのだろう。

稀に父の読んでいない本がある。すると、父はわたし以上に喜ぶ。内容を聞かせてくれと言うので思い出しつつ話をすると、もっと上手にまとめられないのか、それでも国語の教師かと皮肉を言う。

時折じっと聞き入っていることがあるので、これは舞台化の脈があるのかと思っていると、話し終えた途端、「駄目だな」と言い放つ。

「心理的なものが勝ちすぎているから、芝居には無理だ」

「いったい誰を連れてくればその役が出来ると思うんだ」

「金がかかりすぎる」

舞台に乗せてほしいと、まるでわたしが頼んでいるような言い方をする。

話を聞いている間に、父の頭の中では、装置やら照明やらそこに登場する人物たちの姿が作られていくようだ。そこまでなら芸術家なのだが、同時に費用も計算してしまうらしい。

お父さんの仕事は要するに「芸術商人」なんだよと言っている意味が、そんなときにわかる。

父は初めからわたしの読んだ本など当てにはしていない。すでに自分が温めている作品があって、出来るならそれを上演したい。しかし、なんらかの理由があって今ひとつ踏み出せない。そんなときに、わたしの話を聞く。聞きながらその程度のものより今取り組んでいる作品のほうがずっとましだと、確信を得ていたのではないか。すでにあるところまで気持ちが固まっているときに、とびきりいい本を推薦されたのでは心が揺らぐ。わたしならば安心だったのだろう。

企画の段階では、はなからわたしを相手にしていなかったが、公演後の感想のほうは次回作の参考にしていた。

「どうだった」と訊かれ、おもしろかったと言うと、「そうか、おもしろかったか」と、顔をくしゃくしゃにして喜ぶ。

つまらなかったと言うと、こちらが拍子抜けするほど「そうだろうな」と、あっさり認める。おもしろいか、つまらないか、父が知りたいのはそれだけで、わたしがこねくりまわした批評をするのを嫌った。

「そういうことは批評家に任せておけばいい。お父さんの知りたいのは、一般の客がどう感じたかなのだ」と言った。

父は、わたしを一般の観客の代表として見ていたようだ。

実際わたしは、新劇もいいけど宝塚も好き、コンサートはもっと好きだった。帝劇の回り舞台に感激するタイプなのだ。商業演劇を敵のように思っていた父としては許し難いことだったにちがいない。

「お父さんだって金があれば、回り舞台だってなんだってやるさ」

そう言うときの父は実に悔しそうだった。


何という芝居だったか忘れたが、主演の役者の演技が父には気にくわない。だからといって演出家でもないから直接批判することも出来ない。

「マルクス、エンゲルスの本を読んでいるかいないかが、演技にふくらみが出るかそうでないかの分かれ目となる」

娘のわたしがそう言っていたと、その役者に父は伝えたという。

「お父さんが言うと角が立つからな」

何もそんなことをわたしに言う必要もないのにあえて口にしたのは、批評をするならそれくらいのことが言える人間になりなさいということなのだろう。

# トムさん

父の肖像画が手元にある。

〈第七十二番　本田延三郎像　昭和十九年十二月十八日完成　村山知義画〉、裏にはそう記されている。

その絵を最初に見たのはいつ頃だろう。小学校に上がっていたと思うが、はっきり覚えていない。

絵を包んである紙を母が開いていくと、頬がこけ、顎の尖った青年が現れる。わたしの知っている父とはあまりにもかけ離れていたから、それを見てもなんの感動もなかった。

母がしきりに絵を褒めていたが、子供に絵の良さなどわかるはずもない。それに、絵を見つめているときの母の顔は、絵の中の父同様、見知らぬ人のように思えた。

だからというわけではないのだろうが、その絵は飾られたことがない。どこかにしまわれていて、時折陽の目をみるといった感じだった。

村山知義氏の没後、展覧会が催された。

いつ、どこで開催されたのか記憶にないが、絵を見て帰ってきたときの父の顔は、はっきり覚えている。

「お父さんの絵の番号のところが抜けているんだ」

そのことがどうしてそんなに嬉しいのか、父は世にも幸せそうな顔をした。

本来そこにあるべき絵がない。知っているのは自分だけだという密やかな思いが、そうさせるのだろうか。

貸してあげればいいのに、どうしてそういう意地悪をするのだろう。わたしは思っただけで、口にはしていない。母がそう言ったのだ。

その途端、父は不機嫌になった。

その顔は、何にもわかっていない人間がよけいな口出しをするな、と言っているように思えた。

言ったのはわたしではないからね、お母さんだからね。

つい数秒前まで母と同じことを考えていたくせに、一瞬にしてわたしは父の側につく。お母さんはどうしてそう無神経なのだろう、と批判的になっている。

いつでもそうだった。父のほうが間違っているとわかっていても、わたしは父の味方をした。

正しいことを言う人は誰もが認めてくれる。父は無茶なことを言い、勝手なことばかりしているから、いつか誰にも相手にされなくなる。真の味方はわたししかいない、そんな思いがあった。

「展覧会、盛況だったでしょう?」

父の不機嫌さを無視して母が話しかける。

父は憮然とした表情を崩さぬまま、「ああ」と答えた。

「誰か知っている人に会いました?」

父の口から何人かの名前が出た。

そうなれば後は母のペースで話が進む。その人たちの思い出話を母が楽しげに語っているうちに、父の仏頂面も自然にほぐれてくることになる。

父はなぜあのとき絵を出品しようとしなかったのだろう。今でも時折そのことを考える。

あの絵には、できれば隠しておきたい自分の嫌な面まで暴き出された、そう思っていたのではないか。

また、こうも考えられる。絵に描かれている服装は当時誰もが身につけていた国民服である。あの服が嫌だったのではないか。

いや、案外深い意味はなかったのかもしれない。自分の顔を他人に見られるのが恥ずかしかった、ただそれだけのような気もする。

二十歳のときに北海道から上京し、最初に入った劇団で父は村山知義氏と出会っている。その後、新協劇団で一緒に仕事をし、以来村山氏が亡くなるまでの何十年という間、劇団こそ違え、さまざまな仕事を通しての交流があった。

「トムさんがね」

父はよくその言葉を口にした。母が身を乗り出して次の言葉を待っている。

父と母がどんな話をしていたかはわからない。ただ二人の口からその名前が出るたびに、トムってなんだか外国の少年みたいだ、と思った。

# 昔噺

父がどんなにむきになっても、母にかなわないことがあった。孫から慕われることだ。自分たちが病気になったとき傍らに付き添ってくれるのはおばあちゃんだし、おいしいものを作ってくれるのもおばあちゃんなのだ。大好きになるのは当然で、父に勝ち目はない。

それなのに、父はなんとしてでも母に負けまいとする。その結果父がとった行動は、お小遣いをあげることだった。お金で歓心を買おうというわけだ。

自分の子供を育てるときは、あれもいけないこれもいけないと神経を尖らせていたというが、孫になったら教育的配慮もなにもあったものではない。

「さあ、お小遣いをあげようね」と、猫なで声を出す。

お小遣いを貰うと、娘は貯金をし、息子はすべてプラモデルにつぎ込む。プラモデルは人気のあるものだと、朝早く店の前に並ばないと買えない。そんなときはいつも母が並んでくれた。いくらお金の出所が父だとしても、息子が感謝するのはおばあちゃんということになる。

お年玉を渡すとき、父は競争意識を丸出しにした。母の代筆をかってでて、「おばあちゃんより」とポチ袋に書いたうえで、自分のは「いいおじいちゃんより」とか「やさしいおじいちゃんより」と修飾語を付ける。子供にとっては中身が問題だから、父がいくら工夫をこらしても気がつかない。

それではと思いついたのが昔噺だった。

「むかしむかし、あるところに、おじいさんとおばあさんが住んでいました。おじいさんは山へしばかりに、おばあさんは川へせんたくにいきました」

昔噺というのはすべての話の基本なんだよ。いつ、どこで、だれが、何をした、これが書くときの決まりだと覚えておくといい。そう言ってまず孫たちを感心させ、いよいよ昔噺となる。

「むかしむかし、あるところに……」と、おもむろに語り出す。『桃太郎』や『かぐや姫』は見せ場がかなりあるのに、そのへんはさらっと通り過ぎ、「めでたしめでたし」と話を終える。

父が熱を入れて語ったのは、『舌きりすずめ』だ。

糊を食べたすずめがおばあさんに舌を切られるところや、おばあさんが大きなつづらを欲しがったばかりに、まむしや一つ目小僧が飛び出してきたところなどを演技を交えて懸命に語る。

「――というわけで、よくばりなおばあさんは腰を抜かしてしまいました。めでたしめでたし」

そして、その後にこういう講釈がつく。

「この話には大事なことが二つある。意地悪をしてはいけないということと、欲ばりになってはいけないということ。わかるかな?」

子供たちが大きく頷くのを見てとると、父はこう続ける。

「昔噺というのはどこの国の話でもおばあさんが悪い人と決まっているんだよ。『シンデレラ』もそうだろう? おじいさんが悪者だったという話は聞いたことがあるか?」

さすがにそれ以上は口にしなかったが、このうちも同じで、おばあさんは悪い人でおじいさんはいい人なのだと言いたいのだろう。

母はくすくす笑いながら、そんな父の様子を眺めている。父にはそれが面白くない。いかにも余裕しゃくしゃくで自信に満ち溢れているように見えるらしい。その結果、また昔噺を語ることになる。

そんな昔噺が存在しただろうかと首を傾げたくなるのもいくつかあったが、おじいさんがいい人になるように勝手に話を作るのだ。

「――というわけで、おばあさんはみんなに嫌われて、山から逃げていきました」

「――というわけで、おばあさんはけものに食われてしまいましたとさ。めでたし、めでたし」

めでたいという気持ちにはとてもなれないのだろう。子供たちはなんとも浮かぬ顔をしている。

村山知義画「本田延三郎像」（昭和19年12月）

そうやって父がむきになればなるほど、何も言わずにただにこにこしている母に軍配があがった。

子供というのは、大人の下心を見抜く力がある。大好きなおばあちゃんと意地悪なおばあさんを一緒にしないでほしいと思っている。

家に帰ってきてから、娘はこう言った。

「『おむすびころりん』だって『花咲じいさん』だって、悪いおじいさんいっぱいいるよね。おじいちゃん、その本、知らないのかな」

# 木の花

## 梅

花にまったく興味のない父が、家の近くに咲いている梅の木を見上げている。仕事を辞め、本を読むかテレビを見るかそんな毎日だったから、花にも目がいくようになったのだろう。喜ぶべきことか、悲しむべきことか……。

父に訊けば、情けない話さ、と言うに決まっている。仕事をしてこそ人間であって、ただ食べて寝ているだけなら動物と同じだ、と。しかし、いくら永遠に仕事をしたいと思っても、八十を過ぎればそうはいかない。いっそ出家でも出来ればなどと冗談めかして言っているが、案外本心なのかもしれない。

溜め息こそつかないが、父が鬱々としているのがわかる。散歩に出たのも、そんな気持ちを振り払うためだろう。

「その花、何の花かわかる?」

父が桃と答えるかと思ったら、「梅」と言った。

「いくらお父さんでも、梅ぐらいわかるさ」

はい、残念でした、という顔をする。

父は梅を見て一句作ろうと考えていたようだ。

何かをしなくてはだめになる、そう思って父は日記をつけるときに俳句も書くことにしたという。

「『分け入っても分け入っても青い山』、わかるか?」

「山頭火でしょ」と答えると、そういうことを言っているんじゃないと、いらだった声を出す。

「こういう俳句がわかるか、と訊いているんだ」

わかると言えば、どうわかるんだと追求されることは目に見えていたので、ううん、と首を振る。

「そうだろうな、わかるわけないよな」

失望したようでもあり、逆に嬉しそうでもある。

「こういう世界がわからなくては、駄目なんだよ」

わたしに言っているのかと思ったら、父は自分に向かって言っているようだった。

父はこの世界がわからないという。青い山があった、それが何なのだと言いたくなるのだそうだ。

わたしも似たりよったりだ。山しかないと思わずにもっと先に進めばいい、あきらめては駄目だ、と励ましたくなる。

「詩心がない人間は駄目だな」

口先だけでなく、心底自分に失望しているように見える。

「芭蕉や一茶は偉いよなあ」

誰しもそれは考えることだろう。だからこそ、今でも多くの人の心を動かすのだ。

「足が丈夫でなければ、まず無理だし……」

「丈夫だったら、そういう生き方をしたかった?」

「俗っぽい人間だから、駄目だったろうな」

仕方ない、一句作るかというように父は梅を見上げた。

## 桜

両親の住まいの近くに公園があり、そこを歩くのが父と母の日課となっていた。

その時間になると、「今から散歩に行くぞ。二人だけでは、どちらが転んでもおたがいに助けられないから誰か来るように」と、電話がかかってくる。

「桜が満開だから、来るときにカメラを持ってきてほしい」

電話を切る直前に、父はそう言い添えた。

公園に着くと、母は父より一足早く家を出たらしく、ベンチに座って待っていた。

母はわたしに気づかない。遠くから母の姿を見ていると、ベンチ周辺の茫々と生えた雑草の勢いに押されて、いかにも頼りなげに見える。

「いい天気ね」という声で、母はわたしに気づいた。

父が杖をついてやってくる。

大きな桜の木を指さすと、「お母さん、あの前で写真を撮ろう」と母を呼ぶ。

その桜の木は、天に向かって大きく枝をひろげているかと思うと地面近くまで枝先を伸ばしていた。その木を背にして父と母が並ぶ。二人は桜の花に包まれる。

ファインダーを覗くと、父と母は寄り添うようにして立っている。そしてこちらをじっと見ている。まるで怒っているようだ。しかし、それが二人の「今」の顔なのだ。今を盛りに咲き誇る花の前で、父も母もすっかり精気を吸い取られ、老いを晒していた。

出来上がった写真は、ファインダーから覗いたときよりもいっそう醜い顔をしていた。桜がいけないのだ。華やかすぎて、それで人間がこんなにみじめな姿に写ってしまう。

## 百日紅

父が軽い老人性結核になり、入院することになった。母はパーキンソン病を患っていたが、まだ症状は軽く、家事の大半を一人でこなすことが出来た。

夕飯がすみ三十分ほどすると、母とわたしは父の面会に行く。父がじりじりした思いで待っていることは容易に想像できたが、日差しが強いなかを歩くのは母の体にこたえるので、陽が落ちるのを待って出かける。まだ空は明るく昼間のようだが、地面のほうにはすでに闇が這い始めている。

父の入院先の慈恵医大へは歩いていける距離にあった。母はわたしに腕を絡ませていれば転ぶ心配がないと安心しきっている。暮れていく空を見上げ、木々を眺めながら二人でゆっくりと歩いていく。

病院までの間に百日紅《ひゃくじっこう》があった。

子供の頃に住んでいた家の近くにもこの木があった。その時も母と一緒に歩いていた。

——どうして百日紅《さるすべり》って言うの？

母が返事をしないので、再び訊いた。

——猿が滑るから？　そういえば幹がつるつるだものね。

母は笑いながら、そうかもしれないわね、と言ったことを思い出す。

父は病室を出て、食堂でわたしたちを待っている。

「どう？　調子は」

母が訊く。

「こんな所に閉じ込められていいわけがないだろ」

父が憮然とした顔で答える。

「三か月なんてあっという間よ」

「ひとのことだと思って、気休めを言うな」

父と母とは毎日電話で話をしているから、とりたてて話題もないらしく、最初の何分間だけは勢いよく話しこむが、そのうち無言でおたがいの顔を見つめ合っている。

一時間ほど病院にいて、わたしたちは帰途につく。

「また明日来るからね」と母が言うと、うん、と父は小さく頷く。

玄関を出て門に向かうわたしたちを、父は窓から身を乗り出すようにして見送る。母は数メートル歩いては振り返り、また歩いては振り返る。そのたびに、父は大きく手を振る。

その日も面会を終え、病院を後にした。門に向かっていつものようにわたしたちは歩いていく。母が振り返る。父がその機を逃さず大きく手を振る。歩く、振り返る。

その繰り返しの何度目のときだったろう。父の隣に人が立った。部屋の明かりでその姿はシルエットでしかなかったが、髪が長いところをみると女性のようだ。その人が父と一緒に手を振り始めた。父が右に左に大きく振ると、その人も負けじとばかりに振る。母が振り返った途端、二人が同時に手を振る。

「あの人だあれ?」

母がわたしに訊く。

「看護婦さんじゃないの」

「そんなことないわよ。看護婦さんがあんな長い髪しているわけがないもの」

母はそう言うと、急に手を振る気力をなくしたようだった。

「お父さんが待っているから、振ってあげれば」と勧めると、仕方なさそうに手を挙げた。

翌日、面会のとき「夕べ手を振っていた人は誰なの」と父に訊くと、「お父さんも知らない人なんだ」という返事がかえってきた。

「お父さんもびっくりしたよ。突然隣に来て、手を振り始めるんだから」

その人は入院患者なのだそうだが、父が毎日楽しそうに手を振っているのを見て、つい一緒に振りたくなったのだという。

「楽しいわけがないのに。帰りたくて涙が出そうになるのをこらえているのに……」

そう言うと、父は照れくさそうに笑った。

# 藍布

最初に藍の布を見たのはいつだったろう。それが世田谷のボロ市だったことは覚えている。新しい布にはない味わいのある風合いに、一瞬にして魅せられてしまった。その布を通して見知らぬ人の生活をあれこれ想像するのは楽しかった。どこの誰が使っていたのだろう。どんな用途のものだったのだろう。そんなことを考えていると、藁葺き屋根や白壁の土蔵が浮かんでくる。

ボロ市だからこそ本当のボロに出合うことがある。

掛け布団の皮だったのだろう、布の裏には綿が張り付いていた。これだけあれば、大きなタペストリーが出来ると喜び勇んで家に持ち帰った。綿を取り、布を傷めないように糸を抜く。弱っている箇所があるから慎重に洗う。それからアイロンをかけ、いつでも使えるように簞笥にしまう。それだけの作業をすると、大仕事をしたような気分になった。

ボロ市では布を買うのが目的だが、器や火鉢、古民具などを見るのも楽しみだった。

ボロ市通いの熱が冷めたのは、昭和の最後の年だ。

その年の暮れは、天皇陛下の容態が悪く、下血という言葉を毎日耳にしていた。そういうなかで行われたボロ市は店も少なく、どことなく活気がなかった。わたしはそれまで寒さなどまったく感じたこともなかったのに、急に風が冷たく感じられた。そのとき、これまでかなと思った。このへんが潮時かもしれない。

五年前に越してきた家の近くには、高幡不動尊がある。そこの境内では、月に一度、骨董市が開かれる。夜明けから陽が暮れるまで、所狭しとたくさんの店が並び、大勢の人で賑わう。

朝早く、まだ買い物客が来ないときに、わたしは散歩を兼ねて出かけていく。高幡山からの冷気が境内に流れ、そのなかでこれから仕事を始めようという人たちの活気が漲っている。そこでは布よりもむしろ染付けの器や漆器、それに古民具が多い。

藍の布を売っている店は境内の奥のほうにある。ボロ市で買ったような布もあるが、ほとんどがすでに手が加えられていた。

筒描きで鳳の絵が描かれた布は、それまでに見たどんな藍色よりも深く鮮やかだった。無理をすれば買えない値段ではなかったが、布に圧倒される気がしてやめた。布が立派すぎるのは気が重い。わたしの手に余る。どう切り刻んでも惜しくない布がわたしにはふさわしい。

洋裁は布を広げなくてはならないから、取り掛かるまでが億劫だ。それに比べ、パッチワークは針と布さえあればどこででもできる。小さく切ったさまざまな藍の布が、一針ごとに形になっていくのを見るのは、他のことでは味わえない喜びがある。予定していた仕事が思ったより早く終わったときに一枚でも二枚でもつなげていくと、いつの間にか作品が完成している。

母がパーキンソン病になり、保健所で開かれるリハビリ教室に通うことになったとき、わたしは母を待っている間に近くにある池の畔でパッチワークをすることにした。

何の形も想定せず、ただ色合いを考えて縫い付けていく。一針一針縫うごとに、母と過ごす時間が布に縫い付けられていく。目に見えない時間が、形ある物として残る。そう思うと、少しでも多く作りたかった。

最初に母のポシェットを作った。ハンカチと小銭入れとが入ればいいだけの大きさで襷がけにできるもの、というのが母の希望だった。希望どおりに出来たと、母は喜んだ。

それ以来、リハビリ教室に通うときも、入院してからも、母はそのポシェットを肌身離さず持っていた。

壁掛けも作った。横に何枚もの違った色合いの藍布を並べ、その上に朱色の細長い布を二本平行にのせた。

母はしばらくそれを眺めていたが、朱色のところを指さすと、「道のようね」と言った。

「夕暮れどき、もう辺りは暗くて、道の両脇の家々から灯りが漏れてくるの。その灯りが道に映っているみたい」

ただ色合いが好きで並べただけの布を、母は一枚の絵のように評してくれた。

いつでもそうだった。母はわたしのすることを何でも褒めてくれた。

褒められる機会はもうそんなにないのだから、ありがとうと言えばいいものを、わたしはわざとぶっきらぼうに「これが道に見えるの」と訊いた。

母は大きくうなずいた。

その道に人はいるの、と訊きかけてやめた。

誰もいないその道を、母が一人でとぼとぼ歩いている気がしたからだ。

# 七つの子

母のお風呂嫌いは、いつ頃から始まったのだろう。

お風呂に入った翌日はどうも体の調子がよくないと言って敬遠する。

病気になってからはそれがいっそう強くなり、お風呂を毛嫌いするまでになった。

「相変わらずお風呂に入りたがりませんか？」

母に付き添って病院へ行くたびに、医者はわたしに聞く。

「パーキンソン病は体が硬くなる病気ですから、できれば毎晩でも入るといいんですがね」

次の日に具合が悪くなるんです、と母が医者に訴えている。

「たまに入るから具合が悪くなるんですよ。慣れだと思いますよ」

医者の言葉に力を得、母の体調のよさそうな日を見はからって、わたしはさりげなく勧める。

「そうね、そうしようかしらね」と言っておきながら、わたしが準備をし始めると、「やっぱりやめておくわ」と断る。

自分の体は自分が一番よく知っているのだから、いくら医者がいいと言っても無理強いしてはならない。そうは思うものの、医者の言うことを聞いてくれないかなと願う気持ちは片時も離れない。

そんな状態だったから、母のほうから、「今日、お風呂に入ろうかしら」と言い出したときは、嬉しさのあまり「ほんとう?」と思わず大声を出してしまった。

母の気持ちが変わらぬうちにと、大急ぎで支度をする。部屋を暖め、バスタオルを用意する。すぐ寝られるように電気毛布のスイッチを入れる。それから娘にすぐ来るようにと電話をかける。すでに母は、一人ではお風呂に入れず、人の手を借りなければならなかった。

お風呂だけではない。発病して二年近くたってみると、杖なしでは歩けなくなり、箸やスプーンの扱いもおぼつかなくなった。

最も大きな変わりようは、朝、目が覚めてから起き上がるまでだ。この病気は眠っているうちに体が硬くなるのが特徴らしい。そのため、起きようとしても思うように体がいうことをきかない。三十分ほど布団の上で軽く体操をし、どうにか体が動くようになると、這って箪笥近くまで行く。一番下の取っ手を摑んで膝をつく。それから、二番目の取っ手を握る。続いて三番目。取っ手を頼りに山をよじ登るようにして立ち上がる。母の体重は四十キロを切っていたから、そんなふうにしても箪笥はびくともしない。

立つことができても、その後がまたひと苦労だ。最初の一歩が踏み出せない。足を前に出すことがどれほど難しいか。頭の中で命令しているのだろうが、それが足に届かないのだ。

一歩踏み出せばしめたもので、その後はわりにスムーズにいく。歩き始めてしまえば、いくらでも歩ける。

そうなるとわかっているから、じっと見ていられるが、そうでなかったら医者にいくら止められていても、つい手を出してしまうだろう。

「お母さんが一人でやろうとしているときに手を貸すと、出来ることがだんだん少なくなってしまいますからね」

わたしは医者にそう言われていた。

娘が息を切らして駆け込んでくる。

「おばあちゃん、お風呂に入るんだって?」

父が嬉しそうに頷いている。

娘は、水着に着替えて湯船につかってから、声をかけることになっていた。

「おばあちゃーん、お湯かげん、ちょうどいいわよー」

娘の声が響きわたる。

母の服を脱がせるとき、顔色がちょっと悪い気がしたが、熱もないことだしと、そのまま浴室に向かった。

わたしは服を着たままの格好で、母の脇の下に腕を差し込む。それから、そろそろと湯船の中に母を下ろしていく。湯につかって待ち構えている娘の膝の上に母の腰が乗ったら手を放す、という段取りになっていた。

あとわずかで到達する、と思った瞬間、母の体が急に重たくなった。と同時に、ずるりとわたしの腕から滑り落ちる。慌てて引き上げようとしても、意識を失っているのか、母の体は湯の中に沈んでいく。

「お母さん!」と、呼んでも反応がない。

「何してるの! 下から持ち上げなさい!」

娘は顔を真っ赤にして、母を抱き上げた。

母はふっと夢から覚めたように辺りを見回す。そして、自分が湯船の中で立っていることに気づくと、「まだ入ったばかりじゃないの。もう出るの?」と不服そうな顔をした。

そして娘に向かって、「肩までつからないと風邪をひくわよ」と注意する。

あっけにとられている娘を尻目に、母はゆっくりと湯船の中に体を沈めた。

「ああいい気持ち、お風呂はいいものね」

母は気分よさそうに目をつむる。

「おばあちゃん、そんなにいい気持ち？」

また意識がなくなるのではないかと、娘は不安そうな顔をしている。

「とってもいい気持ちよ。入ってよかった」

母は溜め息にも似た安堵の声をもらした。

よかった、と胸をなでおろしたとき、母が突然大声で歌いだした。

　カラス　なぜ鳴くの
　カラスは山に
　かわいい七つの子があるからよ
　かわい　かわいと
　カラスは　鳴くの
　かわい　かわいと
　　鳴くんだよー

最後の「鳴くんだよー」の部分を長く引き伸ばして、母の歌は終わった。

その夜、母は熱を出した。

翌日になっても熱は引かず、一週間ほどその状態が続いた。

これ以上家においておくのは危険だと医者に言われ、入院するように勧められた。入院したらそれきりになってしまうからだめだ、と父が反対した。そんなことを言っていられる場合ではないことを父が一番よくわかっているくせに、母と離れるのが嫌なのだ。

「熱が下がればすぐ帰れるから」

わたしがいくらそう言っても、「気休めを言うんじゃない。入院したらそれまでだ」と言う。

その間に母の容態はどんどん悪くなり、とうとう父も諦めざるを得なくなった。

それから一年九か月、母は病院で過ごした。

父の言ったとおり、家には戻って来なかった。

# 「おしまい」

窓際の母のベッドに、やわらかな冬の日差しがさしこんでいる。付添婦さんは洗濯に行ったのか、見あたらない。

母は眠っているように見えた。わたしは音をたてぬようにそっと母の枕元に立つ。壁に貼られた一枚の紙。そこには、食事の量、体温などが記入されている。昨夜三十九度あった熱は、八度台に下がっていた。

わたしが椅子に腰をおろすと同時に、母が目を開けた。

「起きてたの？」

わたしの言葉には答えず、母は声をひそめてこう聞いた。

「猫を見なかった？」

「猫？」

「そう、猫よ」

猫が病室にいるわけがないでしょ、と言いかけて、わたしは慌てて口をつぐむ。いつだったか、付添婦さんに言われていたことを思い出したのだ。

「お母さんがおかしなことを口にしても、驚かないでくださいね。熱のせいですから。ご家族の方がびっくりなさると、患者さんは自分の頭がどうかしてしまったのかと不安になるのです。お願いしますね」

そんなときは話を合わせ、途中からさりげなく話題を変えるのがいいのだと付添婦さんは付け加えた。

「お母さん、どんな色の猫だったの？」

こうするのがいいのだとわかっていても、なんだか親をからかっているようで落ち着かない。

「白い猫。でも真っ白っていうわけじゃなくて、ところどころに黒い毛も混じっていて……そう、鼻のまわりは黒かった」

ピーコそっくりね、と言いかけ、いや、母が見たのはピーコなのだという気がした。

「どこから入ってきたの？」

「あそこから」

母は布団から手を出し、入り口のほうを指さす。

「それでね、ものすごい勢いで走ってきたかと思うと、お母さんの布団の上にぴょんと跳びのったの」

母はそのときのことを思い出したらしく、びっくりしたわ、と目を丸くする。

「ね、その辺にいない?」

母の目がせわしく動く。

わたしは必要以上に深くかがんでベッドの下を覗き込む。

「いないみたいよ」

「出ていったところを見ていないから、確かにこの部屋にいるんだけど」

「お母さんが気づかない間に出ていったのよ」

「そうなのかしらね」

母はまだ腑に落ちない顔をしている。

「きっとそうよ」

わたしの言うことにはもう答えず、母は目をつむった。やがてうつらうつらしはじめた。頬の辺りがうっすら赤らんでいる。また熱が上がってきたのかもしれない。

わたしが小学生の頃、猫にピーコという鳥のような名前をつけたのは母だった。

ピーコは気位の高い猫で、人間に媚びるということがなかった。それでも大人に対しては一目置いていたが、子供のわたしのことは明らかにばかにしていた。気に入らないことがあると、膝の上にいながら爪をたてた。

そんな猫だったから、老いてきて粗相をするようになったときは、きっと自分を恥じたろう。猫としてのプライドが許さなかったにちがいない。

ある日、わたしが学校から帰ると、「ピーコがいなくなった」と、母が青い顔をして迎えた。外に出ても一時間もすれば必ず帰ってくる猫だったから、自動車に轢かれたか誰かに連れていかれたのかもしれない。

「ピーコは用心深い猫だからそんなことはない、きっと死ぬのよ」と母は首を振った。

猫は死ぬときに身を隠すということはわたしも知っていた。

夜になってもピーコは帰ってこなかった。翌日も、その翌日も。

秋も終わり近くになると朝夕は寒い。ピーコがそんななかで死に場所を探してうろついている姿を想像すると、食事ものどを通らない。

母は、わたしが学校に行っている間もずっとピーコを捜し続けているようだった。わたしも帰宅するとすぐに捜しに出た。

いなくなってから五日が過ぎたとき、母は、もうピーコは生きていないだろうと言った。でもどこかの家の縁の下で死んでいたらそこの家の人に申し訳ないし、犬や猫にかじられたらかわいそうだから、捜してみせるとも言った。

死んでいたら聞こえるはずがないのに、母もわたしも「ピーコ」と呼びながら歩いた。

ちょうど一週間目、捜すのは日が暮れるまでにしようと決めて、母と二手に分かれた。家から五十メートルほど離れた庭の広い家にさしかかったときだ。

「ピーコ」と呼ぶと、かすかに猫の鳴き声がする。

この家の庭も物置も、もちろん縁の下も何度も捜させてもらっている。きっと空耳にちがいない。

でも、もう一度「ピーコ」と呼ぶ。弱々しい、今にも消え入りそうな声が、また返ってくる。

間違いない、ピーコだ。逃げられてしまってはおしまいなので、無断で門の中に入った。声は縁の下から聞こえてきた。覗き込むと、暗くて何も見えない。わたしは鳴き声のするほうへ這っていく。目が慣れてくると、そこは闇ではなく、夕方の薄い光が差し込んでいた。

行き止まりの所に、ピーコはうずくまっていた。逃げる気力などあるはずがないのに、わたしは逃がすものかと、抱きつく。右手で抱え込み、左手で這って外へ出た。

ピーコの体は以前の半分くらいしかなく、ただ柔らかいというだけの生き物に変わっていた。目は見えているのかどうか。両脚は枯れ木のようだ。汚れた毛は体に貼りついている。

わたしはピーコを抱え、走って家に帰った。

すでに戻っていた母はピーコを見ると涙ぐんだ。

「こんなみじめな姿、誰にも見せたくなかったでしょうに」

そう言いながら、何度も何度もピーコの背中を撫でた。

ピーコは水も食べ物も受けつけなかった。ただじっとしていた。

「もうおしまいにしてあげようね。こうやってちゃんと帰ってきたんだものね」

母はピーコにそう言いきかせていた。

翌日、わたしが学校に行っている間に、母はピーコを病院に連れていき、安楽死させた。そして、庭の椿の木の根元に埋めた。


「人間、下の世話をひとにしてもらうようになったら、もうおしまい」

誰もが言うことを、母もよく口にした。

しかし、現実にそうなったとて、人間はおしまいにはならない。もうおしまいにしてあげようね、とは誰も言ってくれない。

母は高熱のなかで「おしまい」のことを考えていたのではないか。それできっとピーコの夢を見たのだろう。

# 夢

「犬が当たりました」

美人の司会者が言った。

「何色にしますか？　五匹いますけど」

わたしが返事をする前に、彼女は、「ああもう四匹は決まっていました。黄色の犬が残っているだけです」と、早口でまくしたてた。

黄色い犬がいるとは知らなかった。思わず口にすると、彼女はそんなことも知らないのかという顔をする。

「赤も青も緑もいろいろありますから……」

わたしの腕の中には、黄色の犬がいた。といっても、司会者が黄色というからそう思うだけで、本当に黄色かどうかわからない。その犬は柔らかく、ふわりとした感触が心地よい。

気がつくと、いつのまにか腕の中から消えていた。

犬を探しているうちに、わたしはどこかの家の裏口に立っていた。家と思ったのは間違いで、小学校の木造校舎だった。その中に入ると真っ暗で、それで夜だとわかった。廊下の突き当たりが出口になっているらしい。ガラス窓の向こうに、外灯に照らされた木々が揺れている。

そういえばわたしは母の見舞いに来たのだ。そのことをすっかり忘れていた。廊下の突き当たりの手前に階段があった。そこを上がると、両側に病室が並んでいる。三つ目の右手の病室が、母のいる部屋だった。六人部屋の窓ぎわが母のベッドだ。なのに、違う人が寝ている。母は入り口近くの場所に移っていた。

「いつここに変わったの？」

母はにこにこ笑っている。

「教えてくれないからまちがえちゃった」

母は布団から手を出すと、何か書いてある紙をわたしに見せようとする。

「なあに？」とわたしが手に取ろうとすると、母は紙ごと手を布団の中に引っ込めた。

わたしはさっきから言おう言おうと思いながら、本当のことを知るのが怖くて聞けなかったことを口にする。

「お母さんが死んだって、みんなが言うのよ。本当かと思ったわ」

母は笑いながら、また紙を持ち出しひらひらさせた。

「そんなことあるはずないのにね」

母が「そうよ」と同意してくれるものと思い、その言葉を待っているのだが、笑っているだけで返事をしない。

でも、よかった。本当によかった。母は生きていたのだ。心がゆっくりと解き放たれていくのを感じる。

なんて今まで硬く縮こまっていたのだろう。わたしは嬉しくて嬉しくて、思わず母の体を布団の上から抱きしめる。母の体はあるのかないのか、布団の厚みしか感じない。

母は相変わらず紙をひらひらさせている。読んでほしいのだろう。そう思い、わたしが手に取ろうとすると、母はひょいと紙を遠ざける。

そんなことが三回繰り返され、わたしはやっとその紙を手につかむ。

そこに書かれてある字は、母の字ではなかった。ということは、この人は母ではないのかもしれない。

わたしはおそるおそる尋ねる。

「ね、お母さんよね」

「変なことを言うのね」という返事は母の声のようでもあるが、なんだか違う人のような気もする。

# りぼん

父と母が、いつどこで知り合ったのか一度訊いてみたい。

そう思っても、なかなか口にできるものではない。照れくささが先に立ってしまうし、それに正面切って訊く話でもない。

でも、今のうちに訊いておかないと、永遠に機会はなくなってしまう。そう思い始めたのは二人が八十歳を過ぎた頃だ。

しかし、父が時折心臓が苦しくなったり、母がパーキンソン病になったりすると、下手にそんな話を持ち出せば、先がそう長くないのだと勘ぐられる気がする。

その日もいつものように、仕事の帰りに母の入院先の病院に立ち寄り、その後、父の家に行った。母の容態は安定していて、食欲もすこしずつ出てきていた。このままの状態が続けば退院も夢ではない。そんな気持ちが、父にもわたしにもあり、それがわたしたちを饒舌にさせていた。

「お母さんが帰ってきたら、今度は大事にしてね」

わたしはうきうきしながらそう言った。

「今までだって充分大事にしてきたじゃないか」

父も冗談めかした口調で応える。

さあ、どうだか、と首をかしげたのがいけなかった。

「夫婦のことは子供にはわからないんだよ」という父の声が少し変わった。

「お母さんがどれだけ苦労したか知っているの？」

「お母さんが文句を言わないのに、何できみがそういうことを言うのかな」

名前を呼ばずに、きみ、というときの父の顔は、いつでも冷ややかになる。そうなるとわたしも負けてはいない。

「お母さんが言わないから、代わりに言ってるの」

余計なお世話だというように、父はそっぽを向いた。

「だってそうでしょ」

これまで父がしてきた勝手な行動をわたしは並べ立てる。

痛いところを突かれ、父は不愉快そうな顔をした。

どうして今そんなことを言う必要があるのか。せっかくのいい雰囲気が壊れてしまう。わたしは自分で言っておきながら、なんだか自分自身に腹立たしい。母の容態が悪いときはあんなにも父と心が寄り添っていたのに、ほっとした途端、お互いの地が出てしまう。

「お父さんと笙子は性格がよく似ているから」

母がここにいたらきっとそう言うだろう。だからすぐ喧嘩になるのよ、と。仲がいい証拠。そういって、気まずい雰囲気を一瞬のうちに取り去ってしまうだろう。

母がいることで、父とわたしは安心していられた。しかし、今は止めてくれる人がいない。喧嘩をしたら気まずい状態のまま何日間も過ごすことになる。なんとかお互い自力でこの場を回復させなければならない。

「そうよね。お母さんは苦労したとは思っていないかもしれないものね」

わたしのほうから折れることにした。

そうさ、というように父がうなずく。

事実、母は苦労を苦労と思っていなかったのではないか。父の自分勝手な生き方を面白がっているところがあった。だから、母がこの場にいたら、お父さんの言うとおりよ、と父の味方をするような気がする。

「今さらあれこれ言ってもしょうがないものね」

人生の終わり近くになって、という言葉は省略した。

結婚してどれくらいになるの、と訊いたのは、楽しい話に切り替えようと思ったからだ。

「さあ、数えたことないな」

「どこで知り合ったの？」

「どこだったかな」

父がとぼけていることは表情からわかった。

「お母さんきれいだった？」

「ああ可愛かったよ」

「吉永小百合に似ていたって自分で言ってたけど、ほんとう？」

父は照れくさそうな顔をする。自分のことを可愛かったと堂々と子供たちに向かって言う、そういう母に困惑している。

わたしは、どういうきっかけで二人が知り合ったのかを知りたかった。東京に嫁いだ伯母を頼って名古屋から上京したところまでは、母に聞いて知っている。伯母の夫、母から見て義兄に当たる人が「テアトロ」という演劇雑誌の編集者で、その紹介によるものらしいということも、何となくわかっている。知りたいのは、母がどういうところで父と出会ったかということなのだ。

「最初はどこで会ったの？」

言いたくないことを聞き出そうとすると、話がそこで終わってしまうから、父の顔色を窺いながらさりげなく訊く。

「どこだったかな」

「お母さんのどこに惹かれたの？　素直なところ？」

それには返事をせず、父は一瞬遠くを見る眼差しになった。

「一人っきりで狭い所に閉じ込められている時にだよ。洗濯物を届けてくれて、頼んだ本を探してきてくれて……ありがたい話じゃないか」

治安維持法違反で検挙され、獄中にいるときのことを父は言っているのだ。

「帰っていくとき、赤いりぼんが揺れている後ろ姿を見れば、誰だって心ときめくというものさ」

自分のことなのに、映画のシーンでも語るような口ぶりだ。

ということは、三回検挙されたうち、一回目はまだ夫婦ではなかったということになる。推測が間違っていないかどうか確かめたかったが、わたしが何を考えているか父にはわかったのだろう。「まあ、そんなところだな」と言って、その話は打ち切りになった。

決して触れてはならない過去、立ち入ることの出来ない世界を父は持っている。わたしに乗せられてうっかり話し始めたものの、やはり当時のことは思い出したくないようだ。

母といつ、どこで出会ったのか。そんなことは今となってはどうでもいいことなのかもしれない。

二人は出会い、そして結婚した。やがて、新しい命が誕生する。そこからが、父と母の出発だった。

まもなくその人生も終わろうとしている。

一日でもいい。母が家に帰ってきて、父と一緒に過ごせたらと思う。

父が手紙を書く準備を始めた。わたしに託す手紙だ。

父は母に毎日のように手紙を書く。次の日にそれを持ってわたしは病院に行き、母の枕元で読み上げる。

母を思う気持ちが溢れているのはいいが、周りの人に聞こえていると思うとなんだか恥ずかしい。

「読む人のことも考えて、さらっと書いてね」と頼むと、「この歳になれば、どんな愛の言葉を書いてもいいいんだよ」と、嬉しそうな顔をした。

# 誕生

父と母が結婚したのは昭和九年である。

その一週間後に、父は治安維持法違反で検挙されている。父から直接聞いたわけではなく、父の友人が著した本にそう載っていた。

父は当時のことをいっさい語ろうとしなかった。母も同様だった。

十二年十月、父は再び検挙された。

父の遺した日記にそう記されている。

昭和十三年十月十九日（水）　晴
十二日　午後五時神楽坂署を釈放された。去年の十月二十二日に入ったのだから、満一周年に十日足らぬわけだ。
思えば長い一年だった。苦悩と艱難の連続だった。自分の肉体的苦痛もさることながら、自分と妻、生家の人々、友人達の間を繋ぐ恩愛情誼の破綻を思うとき、自分はどんなに苦しんだことだったろう。その苦しみを自分は「己を滅して己を生かす」道によってまぎらわしてきた。

この道が正しいか如何かは判断の限りではない。


こう書き出された日記には、獄中での懊悩がめんめんと綴られている。そして最後のほうにきて、これからの進むべき道について書いている。

自分は終生かかってなにを成し遂げるべきかを考えた。芸術！ いつの場合、幾度想を新たにしても芸術の二文字は脳裏に真先きに浮んだ。しかし、「芸術」ではあまりに漠とし過ぎている。芸術のなにを？ 自分の経歴と才能と境遇に最も適した道はなにか？


その後、さまざまな道が列挙されている。シナリオ、戯曲、小説のどの道が自分に適しているか。しかし、続けてこうも書いている。いずれの道に進むにしても、まだ今は生活を優先させなければならない。

その日記の中でわたしが最も心を惹かれたのはこの件《くだり》だ。

自分を大切にすることは、同時に自分の感情の是非選別を明確にすることだ。妻を愛さねばならぬ、父を妹を叔父を喜ばせねばならぬ、好き友には報わねばならぬ、等々。しかし、それらの感情を自分はこれまで感傷的にもてあそんでいた。だから、妻を不憫に思いながらなんら為すなく、故郷を思慕して故郷へ帰れず、友を愛して友に裏切られること一切ならなかったではないか。

昭和十五年五月。わたしは、その日記が書かれた一年半後に生まれた。

結婚してから六年の月日がたっている。その間、とても子供を持てるような状況ではなかったのだろう。

人間を人間と思わぬ拷問、人間の尊厳を失いかねない獄中での生活。そこを通り抜けてきた父が、新しい命をどんな思いで見つめていたか、わたしには想像がつく。

母もまた、どれほどわたしの誕生を喜んだろう。

父の三回の検挙、通算三年半の獄中生活。父と同じ思想を持っていればまだしも、母はごく普通の女性だ。どういういきさつで父と知り合ったのかわからないが、ただ父を信頼してついてきただけなのだ。

その人の子供を産んだ。母にとってこれ以上の歓びはなかったろう。

父と母が、人間として真の意味で深い繋がりを持てるようになったのは、子供の誕生からではないか。そうでなければあれほど深い愛情をわたしに注ぐはずがない。

小さい命はやわらかくて温かい。そしてずしりと重い。

父と母が代わるがわるわたしを抱き上げ、それを確かめ合っている姿が浮かぶ。その二人を、わたしはまだ見えない目で見上げている。

# 今日の日はさようなら

母がまだ一人でバスにも乗れ、歩くことも出来た頃のことである。

パーキンソン病には運動がなにより大切だと医者に言われ、保健所で開かれているリハビリ教室に通うことになった。

初めて母が出席した日、居合わせた十六人の人たちが次々と自己紹介するなか、母と同じ病気の原口さんはこんなふうに母を励ましてくれた。

「僕は五十歳から十年間、ずっと自転車でここに通っているんですよ。運動を続けていれば、体が硬くなるなんてことはありません。大丈夫です」

パーキンソン病は手足の自由が利かなくなり、やがて寝たきりになると、どの本にも書かれていたから、原口さんの話にわたしはずいぶん勇気づけられた。

ただ母はどうだったろう。六十代の人と自分のように八十近い人間とでは話が違う、そう思っていたかもしれない。

もう一人声をかけてくれたのは、森さんだ。着物を着たらさぞ似合うと思える楚々とした人で、母より十歳は若く見えた。

母の歩く姿を見て「軽いんですね。いいですね」と羨ましそうに言った。

「わたしは薬が切れると、もう一歩も動けないんですよ」

そのときはまさかと思ったが、後になって実際にその場面に出くわした。

体操の最中、突然森さんは棒立ちになった。足が床に吸い付いてしまったようにまったく動かない。森さんは恥ずかしそうな情けなさそうな顔で、自分の足元を見下ろしている。

「また薬を飲み忘れたのね」

若い保健婦さんに叱られると、森さんはいたずらっ子のように小さく舌を出した。

保健婦さんが三人がかりでフロアの隅のほうに森さんを連れて行く。森さんはマネキン人形のように、されるがままになっていた。

パーキンソン病に限らず、そこにはさまざまな難病にかかった人がいたが、誰もが一様に明るく、わたしが思い描いていた難病患者のイメージとは大きく異なっていた。苦しみ抜いたあげくに到達した明るさなのだろうが、そう思わせない笑顔の人ばかりだった。

そのことを最も強く感じたのは、まだ三十代だという咲さんと話をしたときだ。

「わたし、元気そうに見えるでしょう?」

休憩時間のときに向こうから話しかけてきた。

「でも、難病を二つも持っているの」

たぶん覚えられないわよと言って、咲さんは長い病名を教えてくれる。咲さんが言うとおり覚えられなかった。

「わたしの子供、まだ小さいの。小学校五年と三年なの」

そう言ったときだけ、咲さんの表情がくもったが、それ以外は本当に病人なのだろうかと思えるほど生きいきとしていた。

「一日でも長く生きなければ、そう思ってここに通ってきているの」

休み時間が終わると、咲さんは「一緒に体操しましょうよ」と、わたしの手を引っ張る。

「見ていてもつまんないでしょ。美容体操になるわよ」

確かにぼんやり眺めていても仕方ないし、第一、真剣に運動している人に失礼な気もする。そう思い、母と一緒に体操をすることにした。

床に寝転がって足を上げ下げしたり、何周も部屋の中を歩いたりと、三十分近く動き回る。母はと見ると、実にのろのろと面倒くさそうに体を動かしている。やる気がまるで感じられない。

こんな子供じみた体操なんかしていられないと思っているのだろうか。

「お母さんは運動が得意だったんだから。かけっこはいつも一番だった」

母のこの言葉をどれだけ聞かされたことか。実際母は七十を過ぎてもわたしより歩くのは速かったし、いくら歩いても疲れるということがなかった。二駅くらいは苦もなく歩き通した。病気にさえならなければ、その状態は当分続いていたろう。運動に自信があっただけに子供じみた体操をする自分がきっとみじめに感じられるのだろう。

七月に入ると、体操の時間が削られ、代わりに盆踊りの練習をする。保健婦さんの中には浴衣を着て雰囲気を盛り上げようとする人もいて、フロア全体が華やいだ様子に変わった。「炭鉱節」の曲が流れ出すと、全員が輪になって踊りだす。わたしも母の後ろについて踊る。母は体操のときよりは張り切っているように見えたが、三曲続けて踊ると疲れたのか、フロアの周囲にしつらえてあるベンチに腰を下ろしてしまう。

何人もの人が、母のように途中から抜け出しはしたが、疲れが取れるとまた踊り出す。しかし、母は腰を上げようとしない。わたしは踊りながら母の傍らを通るとき「お母さん、一緒に踊ろうよ」と声をかけるのだが、「そうね」というものの、いっこうに動こうとしない。

母が踊らないのに、わたしが踊っていても意味がないのだが、そのうち母も参加するかもしれないと思い、踊り続けた。

踊り終わって、母のいるベンチに向かうと、「上手、上手」と手を叩いて、母はわたしを迎える。

「あなたが一番うまかったわ」

それはそうでしょう。わたしは健康なのだからうまくて当たり前。それをいかにも娘が誰よりも上手だと思って見とれている母を思うと、なんともいえない気持ちになってくる。

リハビリの一番最後は歌の時間だ。

オルガンに合わせ、歌集を見ながら大声で歌う。

原口さんも森さんも咲さんも、みんな大きな口をあけて歌っている。

母の歌声は周りの人の声に消されて聞こえない。

「お母さん、もっと大きな声を出さないと」

わたしが肘で突つくと、そのときだけは大声を出すが、すぐにも元へ戻ってしまう。

最後の曲はいつも「今日の日はさようなら」と決まっていた。

いつまでも絶えることなく　友達でいよう
明日の日を夢みて　希望の道を

空を飛ぶ鳥のように　自由に生きる

今日の日はさようなら　また会う日まで

「今日の日はさようなら」と言って別れ、それっきり二度と会えなくなる。その日が間近いことを、母は知っている。

# 日々の残り

母が入院した日から父自身の死の数日前まで、父は克明にその日の出来事を記録していた。「備忘録」と書かれたそのノートには、母への思いが溢れている。と同時に、大勢の人の力を借りて生活する父の姿も描かれている。

ヘルパーさん、弟の連れ合い、わたしの娘と息子が入れ替わり立ち替わり父のもとに通う。父はその人たちのそれぞれの特性をつかみ、誰に何をさせるのが最も効率的かを見極めてあれこれと用事を頼んでいた。

すでに娘は仕事を持っていたから、出来ることは限られている。土、日の食事作りと、平日の夕飯の後片付けが主な仕事だった。

わたしが仕事の帰りに母の入院先の病院に立ち寄る。その間に、娘は父の家に直行する。母を見舞った後、わたしも父の家に行く。母の容態を知らせるのはその時でいいと思うのだが、父は一刻も早く知りたがった。それで病院から電話をした。

息子はまだ大学生だったから時間に余裕があった。そのため細々とした用事を言いつかっていた。父は、息子の運転する車を「太郎号」と命名し、自分の足として大いに利用していた。

また、弟工《たくみ》の連れ合いの礼子さんが来る日を、父は母の見舞いに行く日と決めていた。礼子さんは娘のまりちゃん、文ちゃんを連れてくることもあった。

母の甥の学兄ちゃんは、毎週土曜、妻のトシ子さん同伴で母を見舞ってくれた。トシ子さんはその都度母の口にあった料理を作ってきてくれた。

このように多くの人に囲まれて、父と母は最後の日々を送った。

1994年1月7日（金）

元旦から書き始めようとノートを用意したが、今日まで書けなかった。（昨六日、冨子、二年間通院した慈恵医大の先生の紹介で慈秀病院に入院）

昨年11月下旬から冨子の病状急に悪化。28日、29日には最悪となった。ひとりでトイレに立っても行けず、それでも私を頼りに出来ぬと見て、無理に立とうとしても立てず、29日11時ごろから2時ごろまで寝巻きも下着も脱ぎ捨てて頑張るが立ち上がれない。

見かねて助けようとするが、こっちも足萎えの状態なので助けられず、ただただ途方に暮れていた。2時半頃保健婦さんが見えたので、抱き上げて寝床に運んでもらった。そのとき既にテレビの前の畳に小水をもらしていて、寝床で保健婦さん持参のおむつカバーで用をたせて楽になったせいか、そのまま眠ってしまった。熱38度。

4時半頃笙子来る。保健婦さん帰る。笙子の友人、松本さん見舞いに来る。相談の結果、国領医院の先生に往診を頼むことに決める。先生、7時頃来る。解熱剤を注射、風邪との診断。夜中頃熱下がる。冨子、眠りから覚める。昼間の苦労は全く記憶にないという。直美泊まる。

1993年11月30日。冨子小康。笙子、慈恵医大内科の医師に冨子の状態を話しに行く。先週木曜にもらった新しい薬の故ではないかとの質問に、そんなことあるまいとの答え。国領医院を廻り、風邪薬、解熱剤を貰って帰ってくる。冨子、4時頃から熱が上がる。肩、首が痛いと訴える。解熱剤を飲ませたら8時頃から楽になる。笙子、学期末試験と冨子の容態の心配でパニック状態。それでも夜、病人の洗濯物を抱えて帰る。直美ちゃんが泊まってくれる。

12月1日。昼の間、冨子と二人きり。小用に行きたいと訴えられても、介助することが出来ず、おむつにしてくれと頼むばかり。辛い。夕方、笙子来、おむつに替えてもらう。冨子、夕食のあとまた熱上がる。解熱剤を飲ませても11時頃まで下がらず、笙子試験用の材料を持って来て泊まってくれる。

2日。冨子、小康。笙子と太郎君の二人がかりで冨子を慈恵医大の外来へ連れて行く。主治医は入院のことを配慮してくれる。冨子帰ってき、家族会議。冨子はじめはためらったが、これから暮正月に向う季節にあり、いっそ入院した方がよいという結論。笙子、その結論をもって4時半に主治医を訪ねる。主治医、早速、慈恵医大とかかわりのある慈秀病院を紹介してくれる。但し、当方4日を入院希望したが、カルテなどを慈秀病院に送り友人の担当医の出勤に合わせたいからと6日に決まる。因みに診察の結果は痛みと熱は風邪と新しく起きたリュウマチの故だと思われるので、一日二日を争う緊急な状態ではない由。冨子の状態も小康を保ち続け、笙子も一息ついた感じ。夜、笙子帰り、直美泊まる。

3日、4日、5日の三日間は昼は病人と二人きり、夜は笙子と直美が交代で泊まってくれる。病人の発熱は相変わらず。

6日、9時半、美善交通のハイヤーで笙子、直美が介助して慈秀病院へ冨子を運ぶ。三階の306号室。

振り返って、11月28日からの九日間は地獄を見る思いだった。

この二年前に母はパーキンソン病になった。薬を服用し、リハビリにも務めていたが、徐々に病気は進行し、この頃には歩くことも困難になっていた。それでも、他の病気を併発しなければ急激に悪化はしなかったろう。

「九日間は地獄を見る思いだった」と書かれているが、まさにそのとおりだった。

「2日。冨子、小康。笙子と太郎君の二人がかりで冨子を慈恵医大の外来へ連れて行く。主治医は入院のこと配慮してくれる。冨子帰ってき、家族会議。冨子ははじめはためらったが、これから暮正月に向う季節にあり、いっそ入院した方がよいという結論。」

いかにも冷静沈着に事に対処しているような書きぶりだが、実際の父は自制心を失い、うろたえ、あげくの果てにわたしにからんでくるありさまだった。

母を病院へ連れていけば、そのまま入院となることは目に見えていた。それで何かと理屈をこね回しては行かせまいとしたのだ。

「お母さんを入院させたほうが、笙子は面倒をみなくていいから楽だものな」と、意地悪い言い方をする。本気で言っているとは考えられないが、それでも許せないと思った。

通院ではもう無理だとわかっていても、母と別れるのがどうしても嫌だったのだろう。

「入院したら、お母さんはもう二度とこの家には戻ってこない」

同じことをわたしも考えていたから、父の気持ちもわからないではない。しかし、そんなことを言っていられる場合ではないのだ。

それでもとうとう折れたのは、母の苦しむ姿を見ていられなかったからだ。

「医者の言うとおりにしよう」

そう言われて、わたしは母をやっと慈恵医大に連れていくことができた。

診察室のカーテンを開けると、医者は慈しみに満ちた眼差しで母を迎えた。その表情を見た瞬間、母の病気は行きつくところまできてしまったことを知る。

母は、長いこと診てもらってきた医者に会えてほっとしたのか、それまでいかにもつらそうだったのに生気が戻っている。

「大丈夫ですよ、心配いりませんからね」

医者の言葉に母が大きく頷く。

「歩いてみましょうか」

母は困惑した表情で医者を見つめる。

歩けるはずがない。わたしと息子に抱きかかえられてようやく病院へ辿り着いたのだ。

「歩いてごらんなさい」

医者は微笑みながらそう言うと、自分の椅子を後ろに移動させた。

母との距離が一メートル近くになった。

「さあ」

医者は両手を広げ、ここまで歩いていらっしゃいという仕草をする。

医者の笑顔に引き込まれるように、母の足が一歩二歩と前へ進む。

五歩……六歩……。

最後はつんのめるようにして、母は医者の胸の中に飛びこんでいった。その姿は、歩き始めた幼児が母親の腕のなかに飛びついていく姿と同じだった。

「歩けたじゃないですか」

医者にそう言われて母は自分でもびっくりしたらしい。息を弾ませながら自分の足元を見つめている。

「大丈夫ですからね」

医者はどこまでも優しい。

「入院して、ゆっくり治療しましょう」

医者が看護婦に命じて空ベッットの有無を確かめている。結果は満床ということで、慈恵医大へは入院できないことがわかった。

「ぼくたちが一番つらいのはこういう時なのです。今まで診てきた患者さんをこの病院に入れられないとわかった時です。ほんとうに申しわけありません」

その言葉は職業上から来るものだけではなかった。

「あまり心配しないように、大丈夫ですからね」

息子につかまりながら診察室を出ていく母の背に向かって医者はもう一度同じことを言った。

「後ほど、お一人でいらしてください」

わたしに向けられた医者の表情は、つい数秒前と打って変わって険しいものだった。

母が誰の力も借りず一人で歩けたのは、この時が最後になった。

1月9日（日）晴れのち曇

后2時出発、太郎、直美の介護で冨子を見舞う。

熱の上がり下がりはまだあるとのことだが、顔色もかなり生気を取り戻した感じで「望みなきにあらず」と思った。冨子に「顔色がいい」と云ったら喜んでいた。

1月15日（土）晴
輝いているような青空。気分よし。

后四時過ぎ、冨子から電話かかってくる。

「熱もあがらず、調子がよい」

とのこと、喜んで応答するうちに、思わず涙が出る。

2月4日（金）晴
朝、トイレに行こうとして体の左右のバランスが崩れるのを知り、おどろく。腰をおろし左眼をつぶれば右眼は真っ暗でなにも見えない。ますます不安になり、目薬を点眼してしばらくじっとしていた。15分ほどして右眼も見えるようになりほっとする。
今日は冨子からの電話がないと案じていたら、7時過ぎ、笙子来て、冨子の調子逆行気味と告げる。新しい検査をうけている由。可哀想だと思う。

一昨日、突然発表された政府の「国民福祉税法（七％）」本日、自民撤回となる。

2月7日（月）晴

腰脚痛み続く。

午前中、鎮痛剤の効きめで、ただうつらうつら。

2時半頃、冨子病院から電話。車椅子で日向ぼっこした由。熱は「勝手に上がったり下がったり。肩がときどき痛い」。まだまだリュウマチやパーキンソンがぶり返すのだから焦らずに療養一筋にがんばれと励ます。

4月3日（日）晴、風強し、桜七分咲き

窓外の並木の桜が咲きそろった
きれいではなやかだ
去年はこの桜の下を冨子と一緒に散歩した
だが、今年は冨子がいない
ちょうど四ヶ月前から
慈秀病院の一室で病を養っている。

見舞いに行こう
桜が咲いて、散って、五月雨になり、お盆になり
もっともっと先になっても
冨子が全快して帰ってくるまでは
私もがんばって生きていると、云いに行こう

4月10日（日）曇
7時半、冨子の電話で起床。
冨子「桜が咲いたね」
私「ここの桜も咲いたが昨日の風でだいぶ散った」
冨子「私はテレビで見てるだけだけど、去年桜の花の下を歩いたね」
私「私も思いだしていたけど、今のあんたは過ぎたことを思い出すより、病気を治すことに前進することだ」
冨子「そうだね」
今日は体調がおかしい。特に腰が不安定で痛い。
后6時半、笙子、病院から電話。冨子の調子がちょっと良くない、と。気になる。

その桜に木の下には、わたしもいた。家の近くの公園でわたしたちは桜を眺めていた。来年の桜はもう見られないかもしれぬ、父と母がそう思っていることは桜の木を見上げる二人の横顔から感じられた。

わたしも同じことを考えていた。父が先に逝くか、母なのかどちらかわからないけれど、二人揃って桜の木の下を歩くのはこれが最後になるだろう、と。

桜の木の傍らにはベンチがあった。父がそこに座り、母とわたしはベンチを中心に半径二十メートルぐらいの所を歩く。母はわたしの腕に自分の腕をからませ、そこに全体重をかけてくる。それなのに母の体は軽く、いかにも頼りない。

ゆっくりと、一足一足、母は歩を進めて行く。歩いてさえいれば病気の進行を遅らせることができる。そう信じて、母は歩き続ける。冬の間、雨の日も小雪まじりの日も母は歩き続けた。歩くことだけが母に課せられた任務だった。

そして、ようやく春になった。暖かい日差しのなかを歩くことができる。それだけで母もわたしも幸せな気持ちになれた。

大きく枝を広げた桜の木の下は、うっすらと暗い。そのせいか、父の顔が沈んで見える。

父から言いつかって、わたしはカメラを持ってきていた。以前の母ならこんなみっともない格好で撮られるのは嫌だと、そう言ったろう。でも、二人並んで写真を撮るのはこれが最後と思うのか、黙って父の隣に立った。

ファインダーから覗くと、父も母も実物よりもずっと年とって見える。それに二人とも怒ったような顔をしてカメラを睨みつけている。せめて笑ってほしい。

「はい、チーズ」と言いかけてやめた。怒ったままでいいのかもしれない。

出来上がった写真はファインダー越しに見た顔よりもいっそう醜く写っていた。

写真はどうした、まだ出来ないのか、と父に何度も催促されたが、その都度言い訳をし、見せなかった。

一年たっても、父はまだ写真のことを覚えていた。

「テレビの上に飾っておきたいから、探しておいてくれ」と言う。

あれほど過去を振り返ることを嫌った父が、母との思い出の中に生きていた。母と一緒に写した写真を眺めて暮らす父の姿など想像したくない。

だから、そのときも写真は見せなかった。

「お母さんと一緒に桜の木の下を歩いたなあ」

もう一度そういう日が来ることを父は願っていた。

桜が咲く頃には母が帰ってくる。父は勝手にそう決めていた。今年は駄目だったけれど、来年は必ず帰る、と。


次の年、春が近づいてきたというのに、母が退院する気配はなかった。父はそのとき初めて、母が帰ってくることはもう決してあり得ないのだということを知る。

あと一週間ほどで桜が開花するというときに、父は死んだ。

もう桜は見たくない、そう思っていたのかもしれない。

4月13日（水）曇
6時半起床。

朝食の支度をしているところに、冨子からの電話。

「元気です」とのこと。車椅子から背伸びして電話器にしがみついている姿が偲ばれて、いとほしくなる。

今日も昼の1時（十分位か）鶯が窓外で鳴いていた。

どこから来るのか今日も一羽の鶯が
ひとりで寂しくないか
ひとりで……とうたっている
訓練された鳥らしく、とてもきれいな歌声
私は窓越しに曇り空を仰いで
寂しくたってしょうがないだろう、とつぶやいた

4月23日（土）曇、小雨
7時、右腰脚痛のため起きる。
11時半、病院の冨子から電話。話はとりとめないが、自分で車椅子をころがして来たことと、声にはりがあったのでうれしかった。明日見舞いに行くと云った。

4月24日（日）曇、小雨
7時半起床。腰脚の痛み相変わらず。
日曜の恒例テレビを見るが、政局の話つまらない。
后1時、笙子に散髪をしてもらう。そのあと、セーターなど春物を探しだして貰い、布団も替

えて貰う。

3時出発で、太郎、直美の付き添いで冨子を見舞う。特によくも悪くも見えず、病状はそれなりに安定している様子。指や手の運動をするようにとすすめる。

三週間ぶりに会ったのに嬉しそうな顔もしなかったが、二十分ほどで帰ろうとすると「まだいいじゃない」とひきとめられた。

5月29日（日）曇
7時半起床。「蕎麦屋から中華料理店へ電話し、配達を頼む」というつまらぬ夢を見て目が覚めた。

朝食後、11時まで寝る。

12時半、直美来て昼食。

后1時半、太郎号で直美と三人で慈秀病院に行く。冨子、特に良くも悪くもない。ただ昨日自分で家に電話したことを覚えていないと云われたのには愕然とした。病院をぬけだし、空を飛んで家に帰ろうとしたが、入口がわからなくて困ったとも云っていた。「夢だよ」と否定した。

なんとも哀れに思ったが、病院にいるのが一番いい状態なのだから完全によくなるまでがんばってと云った。冨子もうなずいていた。

5月31日（火）曇

8時起床。朝食後外出の支度。ニトロール二粒。

冨子に対する私の面接の態度を改めなければならないことを笙子の電話などで悟った。「夢」だとわかっても「夢だよ」と即座に否定してはならない。黙って聞いてやって、さりげなく話題を「今」にもってくること等々。

冨子は私に会うと、何かたしなめられるのではないかと身構えるらしい。それを取り除いてやらなければ見舞いに行く意味がない。哀しいが、今はそういう状態になったのだ。

考えてみれば、冨子は「あの頃は幸せだった」という思い出の時期を持っているのだろうか。あるとすれば少女時代だろうが、それも悲劇的な結末の記憶の方が強いだろう。

私と一緒になってからは、がむしゃらに仕事に追いまくられてきた私自身、幸せだったという思い出がないように、冨子も同様だろう。

今、私が病床の冨子を無性にいとほしく思うのも、幸せにしてやれなかった私の懺悔から来るのだろう。

父は母の見舞いにいくたびに謝っていた。ごめんよ、許してくれ、と。

今さら謝られても、と母は思っていたにちがいない。あまりしつこく言うものだから、「そんなこと、もうどうでもいい」と言った。

それを父は、お母さんが許してくれた、と喜ぶ、許すも許さないも、母にとってそんなことはもうどうでもいいことだったからそう言ったまでなのだ。

幸せにしてやれなかったことを父は詫びているが、幸せというのは人から与えられるものではなく、自分でつかみ取るものだろう。与えたり与えられたりするものではない。母は精神的に自立している人間だからそう思っていたはずだ。それに、たとえ父が母を幸せに出来なかったとしても、母は父との世界だけに生きていたわけではない。子供もいるし、大勢の友達もいる。

あまり父が謝ると、母が自分の人生は不幸だったのだと思うのではないかと気が気でない。この期に及んでそんなことを思わせる必要がどこにある。

懺悔というのは一種の甘えだろう。詫びることで安心したいのだ。謝ったのだからそれでいい。謝ることで過去を全部清算したつもりなのだ。要するに父は、人生の帳尻を合わせてからこの世を去りたかったのだろう。

父が母との思い出の中に生きているとき、母は未来を見ていた。自分の未来ではない。若い世代の未来だ。わたしの息子や娘のこれから先の人生を思い描くことに母は喜びを見出していた。

6月6日（月）薄曇

4時、冨子から電話。「あと、四、五日の寿命」と云う。付添婦さんに代わってもらったら、「そんなことはない。夢でもみたのでしょう」と云う。再度冨子に代わってもらい、そんなことはないと伝える。とにかく明日見舞いに行くとも。

5時半、病院から笙子、電話。「夢のせいらしく、おかしなことを云うが、病状はそんなに悪くない」とのこと。

6月7日（火）薄曇

9時過ぎ起床。

后2時半、太郎号で、冨子の見舞いに行く。

今日は、冨子調子がいいらしく、昨日の電話（あと四、五日）のことなどけろっと忘れていた。

三十分ほど両手をさすり「幸せになろう、がんばって」とはげまして帰る。

4時帰宅。
7時、笙子、電話で「お母さん大変よろしい。お父さんに見舞ってもらった効果大」と云ってくる。

6月15日（水）快晴
9時起床。太郎君の誕生日。（樺美智子の死んだ日でもある）今朝から鎮痛薬をロクトミンにする。
昼過ぎ、東出君から久しぶりの電話。（函館へ行ってきた）
4時半、冨子から電話「今日こなかったじゃない。明日は来るね」かなり威勢の良い喋りなので喜ぶ。明日は行くよ、と応える。

6月23日（木）曇
后3時半、太郎号で冨子の見舞いに行く。
調子がいいらしく、熱も出ないし痛みもない。喋る言葉も明るいようだし、声にもハリがあった。今日は車椅子を押してかなり歩いた由。付添婦さんとも仲良くいっているらしい。30分以上話し合って帰る。

帰りぎわ「私がよくなって帰るまではお父さん倒れないでね」と念をおしていた。

7月4日（月）晴、暑い

3時、慈秀病院の婦長さんから電話あり「冨子の退院について担当医と一緒に相談したいから、11日（月）3時来院されたい」退院させたい意向。

4時、冨子から電話。「元気だから安心して欲しい。7月いっぱいに退院出来るよう頑張っている」

とても嬉しいと応えた。

7月11日（月）晴　猛暑

后2時半、太郎号で慈秀病院に向かう。

約束の3時に病院についたが、肝心の婦長が休みだという。些か憤慨したが、主治医が来ていろいろ説明してくれる。納得。先生に病院を紹介して貰うように一覧表を渡す。先生、やってみると受け取る。

冨子、少し元気がない。歩く練習がうまくいかないで腰を打った。付添婦さんに主治医との話を説明する。

夜、笙子、二、三の病院を直接廻ったと報告。

7月12日（火）晴　暑い

11時、富子病院から電話。――腰の痛みを先生に訴えたら無理な歩行訓練はいけない、ゆっくり少しずつ積み重ねるようにと、お父さんと同じようなこと云われた、ふふ……。めづらしく電話の向こうで笑っていた。――元気そうで、嬉しいよ、と応えた。

7月16日（土）晴　猛暑

9時起床。腰脚の痛み、ひどい。

笙子、富子のための病院さがし。その熱心さに深謝する。

7月21日（木）笙子、友人二人と共に、太郎号で稲城台病院と高尾の城山病院に行く。付添人なしがネックで共に決められず、稲城台は一日待って貰う。

7月22日（金）笙子、慈秀から紹介された北多摩病院に行き、断る。そのまま慈秀病院へ行き、婦長に会い、朝日ファミリー病院は三ヶ月待てというし、城山病院は一、二ヶ月のうちに可能性がありそうだと話したら、婦長はその可能性に賭けて、それまで転院を待とうと云ってくれた。

7月22日（金）は慈恵内科の診察。「外出のときは必ず、ニトロールを用意すること」と注意を受けた。24時間心電図の結果は（血圧、心拍、聴診）思ったほど悪くない由。

7月25日（月）曇のち晴

先週19日（火）から22日（金）まで、冨子の転院のことで悩み苦しんだ。私は自分でうごけないという口惜しさを抱えながら、家にじっとしていたのだが、笙子が大変だった。19日に稲城台病院から電話があって「入院可能だから相談に来い」といわれる。笙子に伝える。

7月29日（金）小雨、時々晴

5時、太郎号で冨子のところへ行く。

部屋に入ると、冨子、寒いと云ってふるえていた。付添婦さんが二人がかりで毛布を一枚増やし、湯タンポを入れてくれる。冨子、楽になったが、眠そう。食事が来たが、食べない。話しかけても、涙をためた薄目をあけて首を動かすだけ。7時、またくるからねと云って帰る。

7月30日（土）晴

「半年間でもいいから、一緒に歩いたり、食べたり、話したりする暮らしに戻りたい」

（6月下旬頃の冨子のことば）

8月3日（水）晴　39度という新記録の暑さ

6時、笙子病院から電話――事務長に会えず。婦長に会ったら、冨子、今の病状では暫く転院は無理と云っていた。

8月5日（金）晴　外は猛暑

后5時、笙子から電話――まだお母さんに会っていないが、婦長さんの話では、先週末の苦しんだ時「どうして死なせてくれなかったの」と訴えたという。

冨子が不憫でならない。健康だった頃のことつぎつぎ思いだす。

8月6日（土）晴　猛暑

9時起床。鎮痛剤。

10時半、パンと牛乳。

笙子、后1時半。ソーメン。7時あるもので夕食の支度。
笙子は、私が会いに行くとお母さんの病状を悪化させるから行くなという。笙子がよくて、私がダメだということが納得いかない。いろいろ苦労させたことがあっても、60年間夫婦として暮らして来た間柄ではないか。その夫が、余命あやういという妻の病状をきいて不憫でならず、顔を見つめ、手を握って「きっとよくなるよ」と一言云ってやりたいというのが、どうしていけないのだろうか。

8月7日（日）晴　猛暑
笙子は、お母さんはひたすらお父さんに忍従して来たので、忍従から解放されたいという思いが闘病心を弱めているのではないかという。
戦後育ちの笙子には、明治生まれの、家父長制が一般的だった頃からの夫婦というもののありようがわからぬまま、私たちのことがそううつるのだろう。お母さんは、お父さんの機嫌を損ねることを恐れていたのは確かだろうが、戦中戦後を通じて、空襲をさけ、家族の食べものに不自由を感じさせせず、子供たちの医療には特に熱心だった私に、それなりの敬意を持っていたことは直接お母さんから私は聞いている。
私は、お母さんがひたすら忍従に耐えて来たという風には思えない。ましてや「忍従」から解放されたい思いから死を待ち望んでいるとは思えない。
なんとしてでも病床を見舞って本人をはげましてやろう。

8月15日（月）晴　暑い
今日は敗戦記念日。49年前のこの日、青森港埠頭で連絡船をおりたところで、ラジオから流れる天皇の敗戦の弁を聞いた。北海道で仕入れた干魚などをもって、山ノ目の妻子の疎開地に寄る途中だった。
私38才、冨子33才、笙子5才、工3才。
后6時、太郎君病院から電話――おばあちゃん、昨日の孫たちの見舞いを喜んでいた。調子は昨日よりちょっとおちる。

8月16日（火）晴　暑い
后4時40分、太郎号で、冨子を見舞う。
冨子、今日は割合いすっきりした顔で、ことばもはっきりしていた。ただ食欲がないのが気になる。「お医者さんは治ると云って、それなりの手当てをしているのだから、あとはあんたの治るという気力だけが大事なんだ。私もあんたが治って帰ってくるまではと思って脚腰の痛みに堪えて頑張っているんだからあんたもがんばって下さい」
冨子は「うん」とうなずいていた。

8月22日（月）曇

今日は一日中、体も頭もはっきりしない。だるい。

后7時、笙子、病院から電話。10分間、冨子は一言も言葉を発しない。参ったと云う。

8月25日（木）曇

后3時、太郎、笙子と慈秀病院へ。冨子喋れるようになっていた。「笙子もお父さんも、暫く来なかったので、お父さんが死んだのかと思っていた。」と云う。

「海老団六」「結婚六十周年」などと云って、お互いにがんばろうとはげました。態度が諦観的なのが気になる。

8月26日（金）晴、曇

昨日の冨子の「帰りたきゃ帰ればいい」という言葉がなんとなくひっかかり、これは私の我が儘なのか、それとも冨子の性格から来るものかととまどう。

后8時、直美来、冨子の調子上向きとのこと。

8月30日（火）晴

今、5時の時報が鳴った。今日も連日同様全く無為に時間を過ごしてしまった。日が短くなったのだろう、窓外は夕方の気配だ。

昼食後、仮眠。テレビを見る。新聞を読む。そして5時の時報を聞く。――これが生きていることなのか、と自分に腹が立つ。また冨子の不憫さが湧いてくる。

6時40分、笙子、病院から電話――冨子、今日も喋らぬが、食事が少し進んだ由。明日のCT撮影には付き合うと云う。

9月6日（火）薄曇

夕方、太郎君から電話――おばあちゃん、調子よさそう、ただし口は全くきかない。

9月8日（木）曇のち晴

后5時過ぎ、笙子から電話――書類のことで早めに病院に来た。お母さんこっちの云うことに声を出して、うん、と云うようになった。

9月12日（月）曇

気圧低く、気分の重い一日だった。朝6時頃目覚め、トイレへ行った帰り、布団の上で腰がぐらっときて、前に倒れた。目の下をテーブルのふちに当てた。目の下でよかった。薬を飲んでまた寝、9時過ぎ起床。10時朝食。

2時過ぎ、付添婦さんに介護して貰って、冨子が電話をかけてくる。「もしもし」は云ったが、あとはこちらの言葉に「うん」と応えるのみ。それでもがんばっていることが嬉しかった。

6時過ぎ、太郎病院から電話——おばあちゃん、良。

9月14日（水）曇、時々雨

筐子と電話で話し合い、冨子の朝日ファミリー病院への転院を決めた。そして、4時40分慈秀病院へ行ったところ、筐子の話を聞く前に、婦長から転院は19日（月）の11時に決ったと宣告される。

「今の口も利けないという病状で大丈夫か?」と念を押すと、朝日と打ち合わせた医師が出て来て、「先方もそれを承知で受入れた」という。更に冨子本人に付添婦が19日の転院を知らせてしまったという。

笙子、富子に「前から頼んであった家からすぐ近くの病院で、リハビリの設備も整っているところだ」と説明すると、富子は安心した様子で頷いていたという。笙子、そのまま太郎号で朝日ファミリー病院に行き、事務長と婦長に会ったが、既にすべての段取りがきまっていて、病室のベッドまできまっていた。——以上、夜になって笙子から報告された。

9月16日（金）曇。時として雨

7時起床。薬。8時半、朝食。

10時、太郎号で慈恵内科へ行く。直美に頼んだ診察券受付56番だが、受け付けへ行ったらすぐ呼ばれて10時30分に診察すんだ。太郎号で帰る途中、回り道して貰って朝日ファミリー病院の外観を見た。元の日活のオープンセット敷地の殆どを病院の敷地にしていた。

午后4時過ぎ、病院の富子から電話。昨日同様こちらからの一方的な喋りで終わったが、ついでに付添婦さんに長い間のご親切に心からのお礼を云った。

夜、笙子来て、富子の調子良好と云う。

9月19日（月）晴

本日、正午頃、富子、慈秀病院から朝日ファミリー病院に移る。

移送車付添い笙子。直美と太郎が太郎号で荷物を運び、諸々の手伝い。まだ失語症も治っていないし、転院は些か無理なのではと案じたが、病院同士の打合せできまったことだし、これもめぐり合せの新展開と納得することにした。どうか冨子にとって前よりも幸せ多いことを希う。

9月20日（火）晴
腰が痛くて5時目覚め。薬をのみ8時まで再寝。
9時45分、太郎に付き添われ、タクシーで慈恵整形外科へ行く。10時25分帰宅。
5時半、笙子、朝日病院から電話。——お母さんが喋った。笙子の服を見て「きれい」とか、夕焼け空を見ても「きれい」と云った。冨子は生命力を取り戻したと思った。

9月22日（木）小雨、時々曇
7時過ぎ起床。薬。8時半、パンと牛乳。
后2時過ぎ昼食。雨が降ったりやんだり。
7時半、笙子から電話——お母さん、益々快調、よく喋り、よく食べ、今日は字も書いた。それが6月末頃のとはちがって字面も運筆もずっとしっかりしていた。

9月24日（土）小雨

8時起床。薬。10時朝食。

后2時、笙子と太郎号で朝日病院に行く。

冨子、今日は珍しく熱が出たそうで、見舞ったときは下がったそうだが、水枕をしていた。それでもちゃんと喋ったし、こっちの話もよく聞いていた。やっぱり会えて安堵した。

病院は聞いて想像していたよりはきれいで、たまたま会った担当の女医さんも看護婦さんもやさしく親切な感じに見えた。

9月28日（水）小雨

8時半起床。薬。10時朝食。

朝日病院へ冨子を見舞う。

冨子は順調そうだった。夕食を食べるのを見たが、自分でスプーンを口に運び、あぶなげなく、かなりの早さでおかゆを食べ、栄養スープを飲んでいた。

ただ、私が訪ねても、ちっとも嬉しそうでない。ただ来たかという感じ。帰りに、「また来てもいい？」と聞くと「どっちでも」と答えた。こっちが、過去の自分勝手さを詫び、それだけに今のあんたを大切にしたいという気持が強いのだと云うと、「わかった」と応えはしたものの、それで少しも感情を動かされた風がない。そして帰りぎわの「見舞いに来ても来なくてもいい」という言葉だ。

感情を喪失したのか？　それとも私の存在そのものが、今の冨子にとって、あってもなくてもいいということなのか？　もしも後者の場合だとしたら、体の苦痛に耐えながら、ひとすじに冨子の全快を希いつづけているわたしはいったい「なんなのだ」と思う。

10月1日（土）曇。雨

腰部の痛みで7時に起きる。薬を飲んだがなかなか効かない。

10時、やっとの思いで、パンと牛乳。

11時過ぎ、直美、昼食の支度。

后3時、笙子来て、入浴。

冨子は益々快調で、ごきげんだったとのこと。

今は后6時半、雨が降り出した気配。孤独。侘しい。無為。虚無。無常。そんな言葉が次々浮かぶ。

10月4日（火）曇。夜半から朝にかけて大雨
8時半起床。薬。9時半朝食。

日中「しのだ」の説話にこだわる。「くだらん！」とふり払ってテレビをつけるが、興味を持続する番組なく、居眠り。いつか日が暮れていた。

7時、笙子から電話——冨子眼の調子が悪いが、あとは相変らず元気。

8時半、直美来て、食事の後片付け。さりげなく「しのだ狐」の全物語を調べてくれるよう頼む。

10月6日（木）薄曇
8時半起床。薬。9時半朝食。
冨子は自分が生きることに精いっぱいで、私に対する思いやりや情愛を失っているようだ。そうとすれば、私は、日々、腰脚の痛みに悩まされ、唯一、冨子の全快への希いの中に生きていると思いこんでいるのだから、まるで阿呆だ。わたしが死んだら、子供たちにいろいろ迷惑をかけるだろうが、それは辛いことだとしても、一時的にはともかく、永く悲しむという人はいないだろう。

10月9日（日）薄曇

鎮痛剤をのむと、思考力が衰えて来るのがわかる。なにかしようという意慾も薄れる。さりとて、薬が切れたときの腰脚の痛みとしびれは、泣き叫びたいほど堪え難い。この年令になって、なんでこんな日々を送らなければならないのか。

「狐女房」（平安初期の民話）

むかしむかし、男が、或る日、追われている白狐を助けてやると、狐は感謝して去った。数日後、女がやって来て女中に使ってくれという。妻君は病気で実家に帰っている。男は願ってもないことと受け入れ、二人はいつしか仲よくなって子供も出来た。

或るとき、子供が、母が尻尾で庭を掃いていると男に告げる。男は大いに驚いて女を詰問する。女は

恋しくば　尋ね来てみよ　和泉なる
　信太の森の　うらみ葛の葉

と書き置いて出て行った。

（——蛇足　この場合、男と女とどっちが悪い？）

なぜ父はこの民話にこだわったのだろう。３月12日の日記にもこのことが書かれている。

冨子が、直美や太郎に「おじいちゃんが病院に来たがるのは親友がいなくてよほど淋しいからだろう」と云っている由。

こっちが心配し励まそうと思っているのにまるで通じないらしい。そこで戯れ歌……。

恋しくば　尋ね来てみよ　武蔵台
　慈秀病院　三〇六《さおろく》の部屋

父にとって母は狐だったのだろうか。

母はどこから来たのだろう。

白狐を男は助けた。

父と母の出会いもこのようなものではなかったか。

やがて二人に子供もできた。狐は子供の成長だけを楽しみに日々を送った。男への感謝の気持ちを忘れたわけではないが、そんなことはもう過去のことだった。それに母親になった途端、狐は強くなっていたのだ。

もしも男が、助けてやったのだと恩着せがましい態度でもとろうものなら、狐はすぐさま山奥に帰るつもりでいた。男の我儘も狐から見れば他愛のないものだから、言いたいことを言わせ、やりたい放題のことをさせた。狐にしてみればそれが恩返しのつもりでもあったのだ。

子供が成長して家を出て行くと、あとには男と狐が残された。どんな男でもそうだが、この頃になると、自分が年とったときに面倒をみてくれるのは女房しかいないことに気づく。そこで女房孝行が始まる。

男も世間一般の男性と変わらなかった。これまで仕事一筋で家庭を顧みなかったことに対する詫びの気持ちもあって、急に狐に優しくし始めた。と、その矢先、狐は山奥に逃げ帰ってしまう。狐にとって山奥は、病院だったというわけだ。そこで男は歌を作る。

恋しくば　尋ね来てみよ　武蔵台

慈秀病院　三〇六の部屋

この民話の後には添え書きがある。

(――蛇足　この場合、男と女とどっちが悪い?)

「女」と答えたら、父は「そうだろう、お母さんのほうが悪いよな」と、嬉しそうに笑うだろう。

「男」と言えば、「確かにお父さんは我儘な人間だけど、お母さんには感謝していたんだよ」

と言いわけするにちがいない。

「男も女もどっちも悪い」と言えば、父はどういう顔をするだろう。返事に詰まっていたら、

わたしはこう言うつもりだ。

「だから、人生、面白かったのでしょ」

10月17日（月）曇

冨子の快復が順調なのに反比例して、私の病状がだんだん悪化して行く。腰脚の痛み、ニトロールの連用、居眠りの多さ。考えてみれば、冨子のは治る可能性が高いが、私のは老化現象の進行だから治る見込みがない。内科、整形外科から多量の薬をもらって、これ以上の治療はないと手当てしていても、進行は進行だ。

つまり、苦痛に堪えながら、これ以上生き行く意味がないのだ。

夜、笙子、夕食。冨子、リハビリ室へ行ってご機嫌とのこと。

10月23日（日）晴

朝はいつもの通り。

昼、笙子来て昼食のおかず。
后4時、再び笙子来て、着替え、入浴。
7時、直美、鰆ちりの夕食。
冨子、もうすぐ退院すると云って、直美たちを困らせている由。

10月26日（水）曇
昨日、冨子の順調な様子を見たせいか、今日は朝から気持がなごんでいる。過日の思いつめた状態が遠のいている。体の方はちっとも楽にはなっていないのに。
夜、笙子来る。冨子の元気ぶりなど話して帰る。

10月31日（月）曇
昨夜、寝入って間もなく（と思う）、狭心症の発作か、胸が痛くて目が覚める。このまま息絶えるのかと思いつつも、ニトロールをしゃぶる。一錠溶け終わっても痛み去らず、これはいつもとちがうと思いながら、また一錠しゃぶる。これで治まったのだろう。いつか眠っていて、目覚めた午前4時、痛みは感じなくなっていたが、小用に行きまた寝る。本当に起きたのは8時半。薬。朝食。

11月3日（木・文化の日）小雨、曇

昼、直美、昼食の用意。

4時50分、冨子を見舞う。

笙子が心配していた退院のこと、付添婦さんや看護婦さんの日々の申告を参考に、最終的に先生と婦長さんが決めることだから、自分でいつということを決めないよう。必ず治るという気合いだけは持ち続けて欲しいが、焦ってはいけないとたしなめる。納得していた。

金のことも全く心配ない。預金は全部冨子のものと決めているので、通帳も判こも一切笙子にあずけ、月に一回笙子が帳づけを見せてくれる。預金は冨子の記憶にある金額は全く減っていないし、むしろ増えているくらいだ。あと何年入院していようと心配ない、と言った。

「ありがとう、子供たちに世話になっていないね?」と云うから「全く出して貰っていない」と応えた。

帰りぎわ、冨子は「私にかくしていることがないか」と云うので、なぜそんなことを云うのか全くないよ、と応えると、昨夜夢を見たんだと云う。笑いあって帰った。

11月16日（水）晴

9時起床。10時朝食。

冨子を見舞う。

冨子、大変元気そう。顔もしまって、眼もきれい。

リハビリの先生に、率直に仰言って下さい。私は歩けるようになりますか？　と聞いたら「なります」と云われた由。

私はこんなふうに食事を運んで貰い、病気の手当てもよくして貰っているが、これがよくなって家に帰れるようになったら、お父さんが、がっくり来るんじゃないかと心配だ。いつまでも病院にいたほうがいいのか迷っている。

応え。「とにかく病気を治すことが第一だ。ひとりで歩けるようになるまでは、気長に病院にいることだ。お父さんが、がっくり来るなんてことは考えなくていい。」

11月21日（月）曇
3時。多量の薬を一回分ごとに仕分けする作業、「薬局」をしながら思い出した。
——ちょうど去年の今頃だった。冨子が自分のための「薬局」をやるのをそばで見ていて、まちがいを指示する。それが冨子の病気がだいぶ進行していたのに気付かない私は、ただ注意しているつもりでもやさしさが足りなかった。冨子は緊張し、懸命に薬を並べる。仕上がったあとの疲れと喜びの顔。思い出す。

7時半、笙子――お母さん、熱は下がり普通なのだが、なんとなく調子悪そう。隣のベッドの新患のうめきの故かも知れない。

11月27日（日）晴
8時頃、笙子来て、夕食。
――お母さん、熱は下がったが、「白い猫が来た」などと、幻覚を口走る。

12月25日（日）曇
9時起き。いつもの通り。仮眠。

12時、太郎、昼食のおかず。

からだがだるく、食欲なし。何時倒れるかと思うと、遺書など書かねばと思ったりするが、その気力もなし。

4時過ぎ、笙子――冨子、良好。


12月31日（土）曇。后6時20分起筆。

この一週間、日記をつけられなかった。冨子の病状が精神的に急速に弱って来ていることと、その主な原因と思われる新しい付添婦への対策に連日悩まされているためだった。

幸い、昨（30日）夜、笙子が病院の婦長から電話をもらって、1月4日午前に冨子を2階の病室に移すことがきまった由。これでひとまず、付添婦の圧迫から逃れられるという点で安堵する。しかし、これで全体的に好転するというわけではない。転室した先の付添婦がはたしてどんな人かわからないし、冨子の病状の悪化もただ付添婦の圧迫だけだったのかという疑念も残る。

いずれにせよ、冨子は一年余り寝たきりの入院生活で疲れきっている。そこにいろいろ外的圧力も加わって治そう、生きようという気力が弱くなっているように見える。

昨日も、私が婦長と面談のあと、冨子を見舞って「婦長さんは、お母さんの病気そのものは入院当時よりずっとよくなっている。ただ最近気弱になっているのが目立つので、元気を出すように励まして下さい、と云っていた」と云うと、それには応えず、暫く黙っていたが、「お父さんともう会えなくなる。私は遠い所へ移される」と云う。

「そんなことはない。どこにもいかないよ、この病院にいて、お父さんも、笙子も直美ちゃんも、礼子さんも誰かが必ずお母さんの見舞いに来るんだから」というと、黙ってさめざめと泣きだした。「どうしたの、さ、元気を出して」と云ってティッシュを渡したところへ、昼食の食事が来た。そのまま帰るわけにもいかず、「ごはん喰べるのを見ててあげる」と励ました。すると懸命に自力で食事に精出している。「よく喰べたじゃない。あともう一息だ」と云うと、「病院で出た食事は全部食べないといけないんだよね」といったりする。食べ終えたので「それじゃ、帰るからね。また来るから」というと、また泣き出した。困って立ち止まると、やっと泣き止んで、別れの手を振ってくれた。

今日になって、つらつら思うことは、冨子も私も寿命（老化）の極限状態に近づいているのではないか、ということだ。冨子八十二才、私八十七才。医師の薬で寿命を延ばしているが、それもそろそろ効き目がなくなるのかも知れない。

1995年1月1日（日・祭）晴

　改めて　考えることもなき　年初かな

　新年も　ただ病妻が　いとほしく

后3時、礼子、まり、文来る。（玉子焼き、きんとん等）

冨子への手紙と、まり、文へのお年玉をお祖母ちゃんの手から渡すようにと礼子へ頼み、病院に行かせる。4時、礼子、病院から電話――お母さん、調子良好。

1月5日（木）晴

昨夜来、前1時30分まで、岸恵子の旅日記風「岡田嘉子」のテレビを見た。主人公より杉本良吉のことが気になって延々と見続けたが、杉本は越境してすぐつかまり、一年半後、スパイ容疑で銃殺された。（39年）

岡田は後年、自分の偽りの「自白」が元で杉本、さらにメイエルホリドまで、スターリンの暴虐の下で銃殺されたのを知る。

それにしても気候のきびしいシベリアの刑務所暮しを10年間も強いられ、89才まで生きたという岡田の生命力に驚いた。

夜8時、直美から電話——お祖母ちゃんとても明るかった。

1月8日（日）晴

5時半に目覚め、そのまま起きる。薬。6時半朝食。

千田是也告別式へ、笙子代理として出席。

后7時、笙子電話——冨子、頭がとてもノーマルになった。

1月19日（木）晴

朝8時半起床。薬。

テレビが連日兵庫県南部大地震の報道。死者の数がどんどん増えていく。后7時半、笙子病院から電話——5時頃病院に着いたら全館停電。お母さん、懐中電燈のあかりの中で、毅然としていた。6時過ぎに電気がつき、食事につきあう。お母さん、とてもすっきりしていた。


1月25日（水）晴。風寒し。

8時起床。薬。10時朝食。薬。仮眠。

后1時、テレビ国会中継。政府答弁、むなしい。

3時礼子来る。刺身、羊かん二種、肉まん、あんまん。

4時半、礼子とともに病院へ。

冨子元気そう。体調、精神、言語、神経かなり回復しているようだ。

弱気ではなく、平静な感じで、「お互い長く生きたものね。私はここまで親切にしてもらったんだからいつ死んでも満足だ」と云われたときは、言葉では「しっかりよくなってまた一緒に暮そう」と励ましたものの、内心同感した。（私の体調が、このところ目立って悪くなって行くのに気づいているいる故でもあろう。）

1月29日（日）晴
7時過ぎ起き。薬。

昼過ぎ、太郎、そば、牛乳、いちごを買ってきてくれる。

やたらにねむく、気が滅入る。

5時過ぎ、笙子から電話あり。「お母さん、今日は冴えていた。お父さんのつくった映画35本とか、夏八木勲のこととか、感心するくらい……」

よかった。

1月31日（火）晴
8時過ぎ起き。薬。
冨子が「お父さんの作った映画35本」と云ったことで、記憶の彼方に押しやっていた映画や芝居を思い出してみる。

2月2日（木）晴
8時半起床。薬。9時半朝食。
7時過ぎ笙子来る。――お母さん、とても元気だった。

夕食を支度し、片付けて帰る。

2月9日（木）晴

8時起き。薬。

6時過ぎ、笙子から電話――お母さん元気。昨日お父さんが握った手を離さないので、困ったと云ってたよ。7時20分、工、まり現れる。車の運転練習らしい。病院に行かせる。

2月21日（火）晴

9時起床。（目覚まし時計電池切れで寝坊する）薬。

10時朝食。午後仮眠一時間余り。

8時前、直美来る――おばあちゃんの様子、良。

目覚ましの電池買って来て、取り替えてくれる。

2月22日（水）晴

病院へ冨子を見舞う。

冨子、冴えていた。喋ることがしっかりしている。

「先のことをあれこれ考えてもどうなるものでもない。今日を大事に精いっぱい生きることが大切だ」

こっちが教えられるようなことを云う。

夕食を見届けて帰る。

2月24日（金）晴

7時起き。薬。7時45分朝食。

9時20分、慈恵病院へ向う。

9時55分、「二十四時間心電図器」取りつけ。

10時15分帰宅。

夕方、笙子から電話——お母さん、調子よく冴えてる。

2月27日（月）晴れたり曇ったり

8時起き。薬。11時朝食。

冨子と私の遺言書のことばかり考えさせられる。

平成7年度市民税都民税の申告受付書入手。

7時過ぎ、直美。——おばあちゃん、元気だった。おじいちゃんのとこ、月曜日はおいしいシチュウが出来てるんだ、と云ったら、おばあちゃん「早く行きなさい」と云った。

2月28日（火）晴れたり曇ったり

8時起床。薬。

7時過ぎ、筐子から電話——冨子よくない。昨夜「心臓（実は胃）が痛いと云い出して、医師、看護婦かけつけた由。

3月1日（水）雪、晴

8時起き、薬。雪が降っている。10時朝食。

いつか雪が止んで、時々陽射す。

4時に病院へ行く。冨子、予想に反して元気だった。工がくれた置時計の話やら延が死んだと知らされた夢の話など喋って声を出して笑っていた。40分に帰ろうとしたら、珍しく「もう少しいて」と引きとめられ、5時10分に辞した。

3月8日（水）曇

8時起き。薬。9時半朝食。仮眠。
12時半昼食の支度。（ニトロール）
后2時半、礼子、まり来る。（正月に撮った写真、刺身、団子、せんべい）
下着替え、入浴。
4時、3人で病院へ行く。（ニトロ）
冨子、言葉もはっきりしているのに、「今日でさよならか」などと云う。腰が痛いと訴えているのに強いてリハビリをさせたというので、付添婦さんが院長に叱られた由。
付添婦さんにわびる。冨子はそしらぬ顔。どうやら、わがままが出て来たらしい。
ぐっと来た。（ニトロ）
7時過ぎ、笙子へ電話。「付添婦さんにわびてくれ」と頼んだ。

3月9日（木）晴
8時起き。薬。9時半朝食。
后2時、胸痛み（ニトロ）
7時、笙子から電話。――付添婦さんによく謝った。そばでお母さんが「お父さんも笙子も気が小さい。そんなに大騒ぎすることではない」と云うのには参った。付添婦さんも苦笑していたが、お母さん、付添婦さん達に嫌われるのではと心配だ。

3月10日（金）雨

8時起床。薬。トイレ、洗顔中に胸苦しくなり、（ニトロ）

50年前の今日は、大空襲があり、下町大火。（のちに死者10万人と判る）この空襲をきっかけに、冨子、笙子、工の「森—函館病院—山ノ目」の疎開がはじまった。

3月11日（土）曇

苦しい……　苦しい……

ニトロをしゃぶる

胸が　しめつけられるようだ

ひたいと背中に汗がにじみ出る

苦しい……

深呼吸をくりかえす

6分すぎて　やっとおさまる

3月12日（日）晴

9日（木）から、狭心症の発作多くなる。

三月十七日朝、父は胸の痛みを訴え、慈恵医大に入院した。その夜、日付が変わってまもなく息を引きとった。

五か月後に、母も逝った。

# 母の着物

「お父さんが死んでからね……」

母はよくその言葉を口にした。

「お父さんが死んだら、それからお母さんは自分の行きたい所へ行くし、好きなことをするから。お父さんがあんなに頑張っているのだもの、今は無理」

母を誘ってどこかへ出かけようとすると、決まって母はそう言った。

「温泉がなくなるわけでなし、それからだって、行こうと思えばいくらでも行けるでしょ」

母はわたしに対してだけでなく、友人たちの誘いにも何かと理由をつけては断っていた。

「お父さんはなんにも家のことを出来ないから、一人で置いて行くわけにはいかないもの。お父さんが困るようなこと、お母さんはしたくないから」

母は、父よりも確実に長く生きると思い込んでいた。順序が逆になることだってあるのに。

「そうは思わないの?」と、母に聞いたことがある。

「思わない」と、母はきっぱりと答えた。

あんなに働いている人と、こうやってのんびり暮らしている人とでは比較にならない。人が一生分に使うエネルギーの量は決まっているから、お父さんのほうが絶対に早くそれが失くなるというのだ。

「病気になることだって考えられるのよ」

「お母さんはこんなに元気じゃないの。お父さんを見てごらんなさい。仕事に追われていつ倒れてもおかしくないでしょ」

そう言われると、確かにそのとおりだった。

若い頃から父は血圧が高く、薬を手放せなかったし、どこが悪い、ここが悪いとしょっちゅう体の不調を訴えていた。

それに比べ母の元気なことといったらなく、どこかが悪いというのを聞いたことがない。朝早く起き、犬の散歩に行く。天気のいい日は中庭の花壇の手入れをする。健康そのものの生活をしていた。

「お父さんの家系は短命でしょ。実の父親は若くて死んだし、母親も妹も癌で亡くしているし……」

それに比べ、わたしの両親は長生きだった、と母は言う。

父も母も、親の寿命から自分の生きる時間を推し量っているところがあった。

四人家族の半分が癌で死んでいれば、自分もそうなると思うのは当然だ。父は絶えず癌に脅かされていた。

わたしが高校生の頃、父の頬に小さな瘤のようなものが出来た。「これは癌だ」と父は断言した。遺書まで書いていたから、父との別れをわたしは覚悟した。二十歳前に父親のない子になるのだと、感傷的になったことを覚えている。

余命何か月と言われるのが恐いのか、父は病院へ行こうとしない。母にせっつかれてようやく腰を上げたのだが、なんのことはない脂肪の塊だった。

それ以降も、胃癌かもしれぬ、肺癌のようだ、と父の口からはいろんな癌の名前が出た。その都度「孝行するなら今のうちだよ」と冗談めかして言うのを忘れない。

「お母さんは絶対に癌にはならない」

なってほしくないから父はそういう言い方をするのだろうが、わたしはそれを聞くたびに、母のほうが長生きをするという思いを深めていった。

「女性の平均寿命のほうがなんといったって長いんだから。要するに女の人は暢気なんだよ。よく寝、よく食べ、よく笑うだろ」

実際、母はそのとおりだった。長生きをする条件はすべて揃っていた。

「お父さんが死んだ後、お母さんを頼んだよ」

父はこの言葉をよく口にした。

こんなふうだったから、母が父より先に死ぬなどということを、わたしは考えたこともなかった。

確かに、父よりも母のほうが長く生きた。たった五か月だったけれども、母が言い続けたことに間違いはなかった。

ほらごらんなさい、そのとおりになったでしょ、と母が言えればどんなにいいか。さあこれからがお母さんの時間よ、と旅行に行ったり友達と遊びに行ったりすることができたらどれほど幸せだったろう。

しかし、父が死んだとき、母はすでに長いこと入院していて、いつどうなってもおかしくない状態だった。父の死を知らせることすら医者に禁じられていたのだ。

医者に背いて、本当のことを言うべきではなかったかと、今にして思う。母は、父が死んだことを聞けば安心したのではないか。これで自由になった、旅行には行けなくなったけれど、安心して死ねる、そう思ったような気がする。父を置いて家を空けるのすらためらったのだから、先に逝くことになったらどうしようと、ずいぶん心配したにちがいない。

父と母の遺したものを片付けていて、二人はほんとうに何から何まで違っていたと、改めて思う。性格も、考え方も、生き方もすべて対照的だった。

毎晩睡眠薬の世話にならなければ眠れない父の傍らで、母はよくうたた寝をした。いらいらしながら眠くなるのを待っている父としては、そんな母の姿が羨ましくてならないのだろう。何かと用事を言いつけては母を眠らせまいとする。お茶を飲みたい、背広のポケットから手帳をとってくれ、二階の本箱からこういう題名の本をさがしてきてくれと頼むのだ。それも一度に言えばいいものを、何度にも分けて言う。

母は眠っていても父の声だけは聞こえているらしく、瞬時に立ち上がる。そして用事が済み、父が本を読み始めた途端にまた眠っていく。

人との付き合いも、二人はまるで違っていた。

あけっぴろげで、明るい性格の母は誰とでもうまく付き合っていけたが、父は他人を信用しないところがあり、仕事上の付き合いはともかく、真の友人はどれほどいただろう。

母は家の中が散らかっていても全く気にしない性分だったが、父はきちんと片付いていないと落ち着かない。父が文句を言うと、しばらくは部屋がすっきりする。が、やがて確実に元に戻っていく。

二人の違いを数え上げればきりがない。

父は徐々に身辺を整理し、大きめの鞄二つに入る分の着る物しか遺さなかった。

それに比べ、母は箪笥二棹分もの着物を遺した。着物を買える余裕はなかったから、貰った物なのだろう。母のすぐ下の妹は嫁ぎ先が裕福で、そのうえ気前がよかったから、自分が買うときに母の分もきっと一緒に買ってくれたにちがいない。

着物があっても、母には着て行く場所がなかった。でもいつかこの着物を着るときがくる、そう思っていたのだろう。


母の死後、お世話になった人に遺品を贈るとき、着物のままよりも実際に使ってもらえるほうがいいと思い、何枚かの着物をほどき、裂き織りにした。

機《はた》を織るという単調な作業は、いろいろなことを思い出させてくれる。

父は母が傍らにいたから幸せだった。母はどうだったろう。

箪笥の引き出しを開けて、溜め息をついたことはなかったろうか。誰もいないときに、貰った着物を顔にあてて、鏡に向かった日はなかったのだろうか。

## 嘘

父が急死したことを、入院中の母には伝えていない。知らせないように、と主治医から言われたのだ。

「お母さんはしっかりしていらっしゃる方ですから、娘さんから見て大丈夫と思われるかもしれませんが、それはお元気だった頃の話です」

婦長も「今、お母さんに本当のことを伝えると、すぐにもこうなると思いますよ」と言って、下降線を描いてみせる。そのカーブは急で一気に病状が悪化することを意味していた。

父は週に一度の割で母を見舞っていた。父が顔を見せなければおかしいと母は思うに決まっている。そう思わせないにはどうしたらいいのか。嘘をつくしかない。でも、わたしのつく嘘など、母は簡単に見破ってしまうだろう。だったらいっそ、最初から本当のことを言ったほうがいいのではないか。

しかし、医者は首を横に振る。そして、どうなっても責任は持てませんからね、と念を押す。

それならば、仕方ない。嘘をつき通すしかない。

父が死んで十日ほどたったとき、案の定、母は訊いてきた。

「お父さんはどうしたの？　このところずっと来ないけど」

「風邪気味なので、お母さんにうつすといけないからって」

それは何度も心の中で練習した言葉だった。

そう、と言ったきり、母はそれ以上何も訊いてこなかった。風邪が通用するのも二回までだ。三回目に訊かれたときは腰のせいにした。腰が痛くて、どうしてもお母さんに会いに来られないのだ、と。

母はその話も信じてくれたようだった。

「お父さんは若いうちから車に乗ってばかりいたから、すっかり足腰が弱ってしまったのよ」

以前は必ずといってもいいほどその後にこう続けた。

——それに比べ、お母さんは毎日犬の散歩に行っていたから歩くのだけは得意なの。

母の自慢は運動が得意なことで、小学校のかけっこではいつも一番だったという話を何度聞かされたかわからない。

それが皮肉にも、パーキンソン病という、手足の動きを徐々に奪っていく難病に罹ってしまった。

わたしは毎日仕事の帰りに母の病院に寄り、その後に父の家に行く。七時になると「お父さんが待っているから帰るね」と言って病室を出る。それが日課となっていた。

父が死んでからも身についた習慣は取れず、七時になると自然に椅子から立ち上がる。だから母には気づかれるはずがない。そう思っていたのだが、父との会話がなくなったことで、わたしの中の何かが変わってしまったらしい。母がさりげなく観察し始めたのがわかった。

「お父さんどう？　腰の痛み、少しはとれた？」

ふいに訊かれるとどぎまぎし、「うん、だいぶ楽になったみたい」と母の顔を見ずに言う。これでは嘘をついていると言っているようなものだ。

──笙子は嘘をつくとすぐ顔に出るからわかってしまう。

母にそう言われたことを思い出す。

──でもね、小さい頃はよく嘘をついたのよ。

──どんな嘘？

──小学校に上がる前のこと。

母が楽しそうに話してくれたことがあった。

近所のえみちゃんというわたしより二歳年上の子がいて、その子と毎日のように遊んでいた。雪が降った日、わたしはこっそり雪を食べた。お腹をこわすから食べてはいけないと言ったでしよ、と母が叱ると「だって、えみちゃんが食べなっていうから」と答えたのだそうだ。母が本当かどうか確かめに行ったところ、その日えみちゃんとは遊んでいなかった。

父がそんなわたしを心配して、狼の話をしたのだという。「狼が来たぞー」という少年の話を。そんなに嘘をついていると、本当に困ったときに誰も助けてくれないよ、と。その話がよほど恐かったのか、それ以来ぴたりと嘘をつかなくなったのだという。

——笙子は嘘をつくのが下手でねえ。

その言葉もよく聞かされた。

下手というだけで、嘘をついたことがないわけではない。大人になれば、必要に迫られて小さな嘘をついてきたはずなのだ。が、子供の頃に聞いた狼の話が骨身にしみたのか、すぐにばれるような嘘しかつけなくなってしまったようだ。

母は、父がもうこの世にいないことに気づいているのではないか。時折、お母さんはどんなことを聞かされても驚かないから、とわたしの目を覗き込むようにして言う。わたしは母を見続けることができず目を逸らす。

こんなことをしていてほんとうにいいのだろうか、嘘をつき通すことが果たして母のためなのか。母の残された時間だってそう長くはない。真実を知る権利が母にはある。

それにわたしだって、母と一緒に父の死を悲しむことができたらどんなに気が楽になるだろう。

「お父さんに何かあったの?」

父が死んで半月ほどたったとき、わたしが病院に着くなり母はそう訊いてきた。

「そうなの。実はお父さん入院したの」

後で考えると、よく咄嗟にその言葉が出てきたものだと自分でも感心する。

母はやはり父が死んだと思っていた。それがそうでないと知ってほっとしたのか「よかった」と大きな溜め息をついた。

「お父さんが家で一人でいるより、病院に入っているほうがずっと安心」

母はそう言ったかと思うと「でもお父さんは病院嫌いだからかわいそう」と顔を曇らせる。

慈恵医大の五〇一号室が父のいる病室で、そこは六人部屋だということ、父は入り口近くのベッドだということを、聞かれもしないのにわたしは話し出す。これだけ詳しく言えば母は信じてくれるにちがいない。

その五〇一号室は、父が入院するはずの部屋だった。心筋梗塞で倒れた父は集中治療室へ運び込まれたのだが、そこで四十八時間持ちこたえれば五〇一号室に移る予定になっていた。すでに名札もかかっていた。あと数時間で移れるというときになって容態が急変したのだ。

「お父さん、窓際のベッドに変わりたいらしいのよ。入り口近くは嫌だって文句たらたら」

「家に帰りたいって言わない?」

「毎日毎日、それぱかり」

母に父のことを話していると、父がまだ生きていて、本当に慈恵医大に入院しているような気がしてくる。

母もそうだったのではないか。何もかもわかっていたけれど、わたしと一緒に父の話をすることで、父は生きているのだと信じようとしていた。そんな気がする。

父の死を、母にはとうとう知らせずじまいになってしまった。必死で嘘をついているわたしを見ながら、相変わらず嘘をつくのが下手な子だと思っていたにちがいない。

# 祖父母の家

岐阜の山中に、祖父母の家が昔のまま残っていると聞き、いとこたちとその家を訪ねた。敏子叔母と、わたしの弟も一緒だ。

木々が芽吹き、桜がそこかしこに咲き始めているなかを、わたしたちは車を降りてその家に向かった。

いかにも農家を思わせる造りだが、戦前に建てたとは思えないほど、古さを感じさせない。外便所の周りには小さな黄色い花が風に揺れていた。

いとこの一人が、庭に面した引き戸を開けると、薄暗い内部にうっすらと光が差し込む。板敷きの上には農具などが置かれていた。近くに住む家主さんが、物置として使っているようだ。

「懐かしい！」と、誰かが声をあげた。

「あそこにおじいさんが寝ていたのよね」

一人が突き当たりを指さしてそう言うと、他のいとこたちは大きくうなずく。

「足をさすってあげると喜んでくれてね」

祖父の最晩年の話が次々と出る。わたしにはほとんど記憶がない祖父のことを、みんなはよく知っていた。

母は九人兄姉だったが、母を挟んですぐ上のくるえ伯母、末っ子の敏子叔母とは、年も近かったせいかとても仲がよかった。

先に東京に出てきていたくるえ伯母を頼って、母は名古屋から上京した。その伯母は若くして亡くなった。

伯母が発病した日のことを、わたしは今でもはっきりと覚えている。

戦争が終わった翌年だから、わたしはまだ小学校に上がっていなかった。それでも鮮明に覚えているのは苦しみ方が恐ろしかったからだ。

伯母はわたしの家に来るなり、頭が痛いと言った。疲れたのだろうと、母は思ったそうだ。もともと体が弱かったから、ちょっとの外出でもこたえたのだろう、と。痛みは時間がたつにつれひどくなり、夜に入ると呻き声が絶叫に変わった。当時のことだから、朝になるのを待つしかない。一晩中苦しみぬき、朝早く病院に連れていかれた。

自動車に伯母が乗せられる。その車がゆっくりと走り出し、やがて角を曲がって見えなくなった。そのとき、わたしは、二度と伯母には会えないような気がした。

病名は、電撃性流行性脳脊髄膜炎という伝染病だった。

悪いことというのは続けて起こるというのは本当だ。くるえ伯母の下の息子が、後を追うようにして亡くなった。母親を失った幼子が不憫で、祖父母が乞われるままに食べ物を与えたのがもとで死んだのだという。

伯母の長男、学兄ちゃんが、この家を誰よりも懐かしい思いで眺めているにちがいない。弟をこの家で亡くし、自分自身もしばらくの間、祖父母とともに暮らしていたのだ。

「懐かしいなあ」

いとこたちは、繰り返し同じ言葉を口にしていた。

「この辺に川が流れていた」

「水を汲みに遠くまで行ったっけ」

みんなが懐かしがるのはわかる。ところが、弟までがその言葉を口にしたのにはびっくりした。

「なんで懐かしいわけ?」

調子にのって適当なことを口にしてという気持ちでそう言うと、「だって懐かしいんだもん」

という返事がかえってくる。

「来たことがあるの?」

「お母さんと来た」

ということは、わたしも来たことになる。初めてだと思っていたけれど、そうではなかったのだ。それにしてはまったく記憶がない。いくら忘れっぽいわたしでも、少しは覚えていてもよさそうなものなのに。

「いつのこと?」

「子供の頃」

と言った後で「そういえば、お姉さんは来なかった気がする」と付け加えた。

母は弟だけを連れてここに来たようだ。

どういうことなのか。わたしが行きたくないとでも言ったのだろうか。

いとこの一人がそのときのことを思い出したらしい。

「確かに工ちゃんだけだった。おばさんに、笙子ちゃんはどうして来ないの、と訊いたら、勉強が忙しいからと言っていたわ」

現代の小学生なら勉強が忙しいのもわかる。だが、あの頃そんな子供はいなかった。いることはいたのかもしれないけれど、少なくともわたしは違っていた。

母はわたしを連れて行かなかった理由を、そんなふうに言っていたのだ。

「田舎は汚いから行きたくない」

わたしはたぶんそう言ったのだ。

「蠅がいるから嫌だ」

わたしは木も草も虫もいっさい嫌いだった。

それ以上に、わたしは旅行そのものにまったく興味がなかった。海や山を見て、何が楽しいのか、もともとそこにあったというだけで、誰かが作ったわけでもなし、わざわざ遠くから見にいく人の気がしれないと思っていた。

それでも母と出かけることが嬉しくて、伊勢志摩に旅行をしたことがあった。敏子叔母の家族と学兄ちゃんも一緒だ。

どこへ行っても見るものは景色ばかり。来るのではなかった、と後悔しても一人で帰るわけにはいかない。靴ずれはできるし、泣きたい気分だった。

むっとした顔をしているわたしを見て、母のほうが泣きたかったにちがいない。

二見が浦に行ったときが不愉快さの頂点だった。岩と岩を縄で結わえて何が面白いのだろう。不思議だからそう言っただけなのに、母はわたしをきっと見据えると「二度と笙子は連れてこない」と言った。

母の怒った顔を見たのは、あの時だけだった気がする。

せっかくの楽しい旅行がわたしのせいで台無しになった、叔母の家族に申し訳ないと、母は思っているらしかった。

母が弟だけを連れて、この祖父母の家に来たのは、その頃だったのかもしれない。家を離れるということがわたしは嫌いだった。父もそうだった。仕事でどうしても泊まらなくてはならないとき以外、父は日帰りで帰ってきた。

母は違う。誘われればどこへでも飛んでいく。といっても生活が楽ではないから、行くところといったら名古屋の姉妹の家でしかない。

母が名古屋に行く日が近づくにつれ、父はだんだん不機嫌になっていく。それは一度や二度ではなく、いつでもそうだった。お父さんが嫌がるのだから、お母さんは行かなければいいのにと思った。

父が母を名古屋に行かせたくなかったのは、留守の間自分が不便だということのほかに、母がみじめな思いをするのではないかと気遣っていたのではないか。貧乏に慣れてはいても、姉妹たちの裕福な生活ぶりを目の当たりにすれば、母だって心が揺らぐにちがいない、父はそう思ったのだ。

父もわたしも家事をしないから、母は家を空けていても気が気でなかったろう。名古屋に行っても一晩か二晩で帰ってきた。

帰宅した母は、行く前とどこか違っていた。その姿を見ると、親や姉妹に会えてお母さんは幸せだったのだ、よかった、とは考えず、お父さんがかわいそうだと思った。たった一人の妹に死なれ、親戚もないお父さんのことを考えてあげればいいのに、と思っていた。

「ここに笙子ちゃんたちも疎開することになっていたのよ。でも、笙子ちゃんのお父さんの仕事の都合で、岩手のほうに行ったの」

いとこはどうしてそんなことまで知っているのだろう。

そのことも初耳だった。疎開と仕事とは関係ないはずだ。それなのに母はそんなところにまで父の仕事を持ち出したのだ。母にとって親戚に唯一誇れるのは父の仕事だけだったのだろう。

疎開先に恵まれたと母はよく言っていたから、結果的には岩手に行ってよかったのだろうが、親や姉妹たちがここで一緒に暮らすと聞いたときはさぞ羨ましかったにちがいない。

「おじいさんは優しかった。だからみんなに親切にされてね。疎開先で食べ物の心配をしたことがなかったのよ」

敏子叔母が口を開いた。

「戦争中は食べるものもなくて大変だったという話が出ると、そうそうと相づちを打っていたけど、わたしたちはそんなことはなかった、白米を食べていたの」

この家に疎開していた頃のことを、叔母は懐かしそうに語る。

叔母と母とは顔も声もよく似ている。久しぶりで母に会えた気がして、わたしは嬉しくてならない。

母がここにいたらと思う。どんなに喜んだろう。叔母もいとこも弟もみんな揃っているというのに、母だけがいない。

何百年もの時を経た木々が、真っすぐ空に向かって伸びている。

いとこたちは家の裏手に回ったようだ。今度はどこを覗き込んでいるのか、「懐かしい」という声が、あちこちから聞こえてくる。

# 赤い糸

電話で村田さんの声を聞いた瞬間、思わず「生きていた」と、叫びそうになった。

年賀状が戻ってこないところをみると、札幌の家に届いてはいるらしい。が三年も続けて返事がこないと、つい悪いほうに考えてしまうものだ。

村田さんは、わたしの母が入院していたときの付添婦さんである。わたしたちは年が同じだったし、同じくらいの年齢の親がいた。そのせいか話も合ったし、親が老いていくつらさもわかり合えた。母の容態が安定しているときなど、ベッドの傍らでよくおしゃべりをした。

「お母さんのことは、安心してわたしに任せてください。その代わり笙子さんはしっかり仕事をしてください」

村田さんにそう言われたときのありがたさは、今もって忘れられない。

「お元気でよかった」

わたしはよほどほっとした声を出したらしい。

「死んだと思っていたんでしょう？」

と、村田さんは訊いてくる。

「いいんですよ。四年も家を留守にしていたら、誰だってそう思いますよ」

もう病院の付き添い制度はなくなったから、病人のいる家で住み込みで働いていたのかもしれない。

そう思ったのが伝わったらしい。

「患者さんでなく、今度は家族だったんです」

最初に父親が倒れ、続いて母親。二人が相次いで亡くなると、今度は妹さんが癌になったのだという。

「手遅れだったの。宣告されてから一年もなかった」

そんなわけで、三通の年賀状を、今、読んでいるのだと言った。

「懐かしいわ。笙子さんと会っていた頃が……」

当時は村田さんの両親も、わたしの父母もまだ生きていた。

「あの頃の笙子さんの姿、よく思い出すのよ。部屋の入り口で、こわごわ中を覗くの。お母さんの容態はどうかなって、心配そうな顔してね」

そんなとき、村田さんのひと言にどれほど慰められたか。

「大丈夫ですよ。あんまり心配しないことですよ」

そう言って、わたしを励ましてくれた。

どんなに遅くなっても病院に立ち寄ったのは、むろん母に会いたかったからだが、父が母の容態を知りたくて、わたしの報告を待ち受けていたからだ。

仕事の都合で面会時間に間に合わないときは、守衛さんが裏口からこっそり入れてくれたし、村田さんが病室の前の廊下で待っていて、早く早くと手招きをしてくれた。他の患者さんに悟られないように、床を這うようにして母の枕元に辿り着き、握手だけして帰ってきたこともある。

「ご家族の皆さんが入れ替わり立ち替わり見えて、お母さんはお幸せな方でしたね」

それに比べ自分の母親には寂しい思いをさせてしまった、と村田さんは言う。

「わたしに家族がいないのだから、仕方ないの」

別れたくても別れてくれない夫がいると聞かされたことがあったが、正式に別れたのかもしれない。

「夫から逃げている話、しましたよね」

その話は聞いている。でも身を隠す必要がどうしてあるのかという疑問は残ったままだ。

「わたし、すすきので店を三つ持っていたの。けっこう繁盛してね。でも、お金って人間を駄目にするってよく言うでしょ。夫がそうだったの」

そう言って村田さんは病院に住み込みで働くようになったいきさつを話し始める。

「女癖が悪い男、それだけでわかるでしょう?」

はい、と言っていいものかどうか。でも、想像したことはそう間違ってはいまい。

「いくら稼いでも、夫がみんな女につぎ込んでしまうので店を処分したの。そのお金が目当てで、夫はわたしを探しまわったというわけ。見つかりそうになって、病院も転々としたのよ」

そんななかでわたしの両親と出会い、夫婦というものを改めて考えさせられたという。

「いいご夫婦でしたね。お父さんがお母さんを大好きなのがよくわかりました」

確かに父は母が好きだった。だからといって大切にしたかというと、そうとは言えない。父は自分のやりたいことをやり、母が付いてくるのは当然という顔をしていた。

仕事が立ちゆかなくなって家を売り払ったときだってそうだ。借金を返して少しでも残ったら老後の資金に当てようと言っていたくせに、そのお金も仕事につぎ込んだ。もう仕事は辞めてほしいと母が言うと、だったら僕に死ねということなんだな、と脅した。我儘いっぱい、言いたいことを言い、やりたいことをすべてしてきた。そのことに父が気づいたのは、母が病気になってからだ。

「お母さん、ごめんよ」と見舞いに行くたびに謝っていた。

「そんなこと、もうどうでもいい」と母が言っても、「どうでもいいわけはない」と、謝り続けていた。

父は、母にはいいところを見せたかったのだろう。雪が降っていようが風邪をひいていようが、母の見舞いに行く日は風呂に入り、身だしなみを整えてから出かける。病室の入り口までは杖をついているのに、それを廊下の壁に立てかけ、母のベッドまで歩いていく。

どちらが先に逝くかわからないが、別れがそう遠くないということは、顔を寄せて話し合っている二人の様子から見てとれた。

「お母さんはほんとに素敵な人でした。病人らしいところがどこにもなくて。切り替えが早いというか、甘えがないというか、いろいろなことを教えてもらいました」

こんなこともあったのですよ、と村田さんは母の思い出を語ってくれる。

よく晴れた日、村田さんは母に富士山を見せたくて屋上まで連れていった。そのとき、ふと、自分のような北海道の人間にとって富士山は珍しいけれど、東京に住んでいる人にはありふれた景色のような気がして、母にそう訊いたのだという。すると母は「病院の屋上で見る富士山は初めてだから嬉しい」と礼を言ったという。

母にはそういうところがあった。どんなときでも、そこに喜びを見出す才能ともいうべきものが身に備わっていた。

「わたし、笙子さんのお母さんにお会いできてほんとによかった」

村田さんはそう言うと、今度北海道に来たときは札幌に寄ってくださいね、そのときはお母さんの話をしましょうね、と言い添えた。

「わたしも、いつまで元気でいられるかわからないもの。できるだけ早くに会いましょうね」

看護疲れから村田さん自身も大病をしたらしい。事情はよくわからないが、もうその頃には夫とも行き来があったようだ。

「入院している姿を見て、さすがに哀れに思えたのか、夫がやっと別れる気になってくれたの。離婚届けに判を押したからって、持ってきたの」

そのときの夫の声がどうもおかしいので、病院に来たついでに医者に診てもらったら、と勧めたのだそうだ。その結果、喉頭癌だということがわかった。

「やっと別れられるというときに、皮肉な話でしょ。赤い糸で結ばれていたんだと思うより仕方がないと思ったの。離婚は中止。わたしが面倒みなかったら誰もみてくれる人がいないし、独りで死なせるわけにはいかないもの。さんざん苦しめられた人なのに、もうわずかしか生きられないと思うと不憫でね」

村田さんは自分自身に向かって話をしている、そんな気がした。聞く相手がいてもいなくても、この四年間に起こった出来事を語り尽くさなければ前へ進めないのかもしれない。

「入院してからも、女の人が何人も見舞いに来てね。その人たちにお金を渡してくれって言うのよ」

　ここまできたらやれることはすべてやってやろうと、村田さんはそう思えるようになったという。

「あれだけわたしからお金をとることばかり考えていた人が、死ぬ少し前に二千円を差し出して、これをやるからっていうの」

　村田さんは、そのとき初めて声をつまらせた。

「でも、不思議なのよ。夢に出てくるのは親でも妹でもなく、夫なの。何がおかしいのか、どの夢の中でも楽しそうに笑っているの。声をたてて笑っているときもあるわ。だけど、わたしのほうを見ていないの」

　母は、父の夢を見ただろうか、ふとそんなことを考える。父はどうだったろう。夢の中に母が現れ、父のほうを向いて楽しそうに笑ってくれただろうか。

「みんな死んでしまった。でも、これで自由になったの。自由っていいわ。こんなにすばらしいものがあるなんて今まで知らなかった」

　村田さんが心底そう思っているらしいことが、受話器を通してわたしにも伝わってきた。

# 森町にて

駅舎を出て最初の角を左へ曲がり、二十メートルほど行くと、かつては父の実家があった。七年前、何十年ぶりにここを訪れたときは、その敷地には飲み屋と金物屋が建っていたが、今は雑貨屋と電話会社の店に変わっている。

前回の時は気づかなかったが、電話会社の店と隣の民家との間に、半間ほどの細い道がある。そこを通り抜けると裏庭に通じるはずだ。

人目がないのを確かめてから、体を滑り込ませると、ずっと昔、ここを通ったという感覚が蘇ってくる。うっすらと漂う潮の香りにも記憶があった。

表通りと打って変わり、裏側は寂れていた。

赤茶けたトタン屋根、割れたガラス窓、ひしゃげた戸。赤ちょうちんの店がひしめいていた形跡が残っている。裏庭がなくなったどころではない。その後に出来た何軒もの店も、みな消えてしまった。

裏庭があった頃、そこには離れがあった。弟や従兄弟たちとその部屋で遊んだ記憶がある。

叔父を最後に見たのは、その離れの部屋だ。事業に失敗して家を手放したとき、離れも一緒に明け渡したのだが、買い取った人の温情で叔父はそこに住まわせてもらっていた。

叔父はその頃、すでに何もかも失っていた。再婚相手の女性は家が傾き始めると早々に叔父の許を去っていった。酒だけが叔父を支えているのだと、父と母が話しているのを聞いたことがある。

父は北海道にどんな用事があったのだろう。子供のわたしを連れていったということは、親戚に不幸でもあったのだろうか。それにしては母が一緒にいた記憶がない。

離れの入り口に立ったまま、父が叔父に言った。父の傍らにわたしは立っていた。

「もう帰るから」

「のぶさんも元気で」

叔父はそう言って顔を上げた。

叔父はスキーの選手だった頃に足を怪我し、そのため装具を着けていた。曲がらない足を投げ出したままの格好でしばらくわたしたちを見上げていたが、その顔は怒っているようにも照れているようにも見えた。

父が叔父を憎んでいることは、子供心にもわかっていた。自分の妹が東京の病院にいる間に若い女性を家に入れ、死ぬのを待っていたかのように再婚した。それだけではない。母親が一代で築きあげた財産一切をなくしてしまった。許せない、と父が思ったとしてもそれは当然だ。でも、わたしまで同じ気持ちになることはなかったのだ。

おじちゃんが悪いのだからこうなったのも仕方ない。自業自得。わたしは習いたてのその言葉が叔父にぴったりなことに満足していた。

子供の冷ややかな眼差しを、叔父はどんな思いで受け止めていたろう。

叔父が亡くなったのは、それからまもなくだった。

背後に人の気配を感じてはいたが、振り返る気がせず、わたしは破れた提灯を見ていた。胡散くさい人間に見られているのだろう。違うのです、ここにわたしの父の家があったのです、と言うつもりでいたのに、振り返った途端、いかにも人の好さそうな男の目にぶつかり拍子抜けする。

男がもうすこし年をとっていたら、ここにあった家のことを聞いたかもしれない。この人では覚えていたとしても、せいぜい叔父の最晩年の姿でしかないだろう。酒を飲み、暴れて近所に迷惑をかけた話を今さら聞いても仕方がない。

「役所はどこでしょうか？」

男は声をかけられるのを待っていたようだった。

「いったん大通りに出て……」

行き方を説明してくれる口調は弾んでいる。

「信号を右に曲がり、坂を上っていくと、しばらくして右手に大きな建物が見えます」

いくつめの信号なのかをもう一度聞きたかったが、行けばわかるだろうと思い、礼を言って歩き出した。

父の戸籍謄本は、父親の欄が空白になっている。そこに名前がないということは、この世に存在しなかったように思えてならない。そして、その人がいなければ、わたしもいなかった。そう思うと無性に祖父のことを知りたくなり、父に訊いたことがある。

「池田吉太郎という人が、お父さんの本当のお父さんの名前だ」

父はそう答えた。

「吉太郎って、どういう字を書くの?」

べつに難しい字とは思わなかったが、父に書いてほしかったので、鉛筆とメモ用紙を父の手元に置くと、わたしが書けばいいというように押し返してきた。

「おじいさんは何の病気で死んだの?」

「事故だそうだ。佐渡に舟で荷を運ぶ途中、遭難したらしい」

「何を運んだの?」

「砂利かなんかじゃないか」

「なんで砂利を運んだの？」

「お父さんが知るわけないじゃないか」

そんなこと聞いてどうすると言わんばかりに父は不愉快そうな顔をした。それでその話は打ち切りになった。

もしそれが本当だとすると、父がよく言っていた話はいったいどうなるのか。

父親が臨終というとき、四歳だった父は小遣いを握り締めて「このぜにっこけるから、とっちゃを死なせないでけれ」と駐在所に行ったという。話している本人が涙ぐんでいるから、こちらもつられて聞いていたが、舟が転覆して死んだのであれば、臨終もなにもあったものではない。父の話にはどこか嘘がある。

父は本当のことを何も知らなかったのではないか。二度目の父親に慣れてほしいという思いから、母親がいっさい実の父親のことは口にしなかった。父も母親の気持ちを察して聞こうとしなかった。そんな気がする。

そうであるかどうか、父が死んでしまった今となっては確かめるすべもないが、せめて祖父の生まれた場所でも知っておきたいという思いが、時折ふいに頭をもたげる。役所に行けば何か手がかりが得られるのではないか。森町を訪れたのはそんな思いもあったのだ。

しかし、役所に近づくにつれ、そう簡単にわかるはずがないという気持ちがだんだん強くなっていく。

父自身、実の父親のことを知りたくて調べ尽くしたはずだ。今さらわたしが調べてもわかるかどうか。そう考える一方で、いや、時代が違う、今はコンピュータがある、と思い直す。祖母が若い頃に住んでいた所を突き止め、その地域に池田という姓の家がないか探せばわかるのではないか。

「戸籍を辿れるところまで辿りたいのでよろしくお願いします」と、役所の係の人に頭をさげる。かなり時間がかかったが、祖母の父親、わたしからみると、曾祖父にあたる人が住んでいた所まで調べ上げてくれた。森町からそう遠くないと言う。

「ここの役所に行けば、もっと詳しいことがわかるはずです」と、係の人は地図を書いた紙を手渡してくれる。

「すぐいらっしゃれば間に合うかもしれませんよ」と言われたが、墓参りをすませてしまいたいので、日を改めて行くことにした。

役所を出ると、正面に渡島《おしま》駒ケ岳が聳え立っている。七年前に来たときは、吹雪の途切れた瞬間しか見えなかったが、澄んだ青空の下で大きく裾野を広げていた。

役所の前の坂を上りつめると、墓所に着くはずだった。前回、タクシーで墓に向かったときには吹雪で道の両側の建物は見えなかったが、左手に小学校があったのだ。

赤い屋根の校舎と三角屋根の時計台というしゃれた建物だった。

子供たちが三々五々連れだって校門を出てくる。走り、追いかけ、飛び跳ね、坂を下っていく。

その子たちを目で追っていると、ふいに父の日記を思い出した。

「小学校三、四年のころから、主席の自分を追いかけていた谷山君を意識するようになった」

父の最晩年の日記にそう書かれていた。

「学校前の坂道の上り口左側路地の奥に彼の家があった」と、その日記は続く。

この坂ではなかったか、父が通っていた小学校はここではないか。そう思ったとき、わたしは校門をくぐっていた。

受付で、教頭先生にお目にかかりたいと告げると、二階へ案内される。校舎の隅々まで外の光が入り込むように設計されているのか、階段の両脇に置かれている鉢植えの花に陽が当たっていた。

子供たちも帰り、翌日が休みのせいか、職員室はのんびりとした雰囲気に包まれていた。

突然訪ねてきたことを詫びてから、父がこの学校の卒業生かどうか調べてもらえないかと尋ねる。

教頭は手馴れた様子で職員室の隅にある金庫から分厚い書類を何冊も取り出してきた。

「明治四十年生まれというと、入学は大正の何年になるのでしょうね」

とっさに答えられず、四十五年が大正元年だからと指で数えていると、「四年ですよ」と背後から声がした。

振り返ると、大柄な男の先生がにこにこしながら「東京からですか」と訊いてくる。

教頭は「大正四年、大正四年」と言いながらページをめくっている。その手元をぼんやり眺めていると「卒業台帳のほうを調べてくださいますか」と、教頭は手元にある一冊分をわたしのほうに差し出した。

そのとき校長室のドアが開き、教頭よりも若い校長がわたしたちの傍らにやってきた。すでに事情は聞いているらしい。さっきわたしに声をかけた大柄な教師となにやら話し合っていたかと思うと、揃って職員室を出ていった。

わたしは大正七年からページをめくる。名前の順序が、男の子が先で女の子が後というのは、昔も今も変わらない。女の子の名前が片仮名ばかりなのが、遠い昔のことを調べているのだということを感じさせる。

大正九年のページを開いたとたん、父の名が目に飛び込んできた。長い時間がたっているだろうに墨の色は艶をおびたままだ。突然、胸の中心の辺りが痛くなる。悲しいわけでもなければ、懐かしいわけでもない。それなのに勝手に涙が出てきて、止めようとしても止まらない。たまたま通りかかり、もしかしたらという軽い気持ちで校門をくぐったのに、これではまるで父の名前をずっと探し続けていたみたいではないか。

「すみません」と言ったのはそんな気持ちから出た言葉だったが、もちろん相手にわかるはずもない。

「いいんですよ」と言って教頭は下を向いたままページをめくる手を休めない。

父がどこの小学校を卒業したとて、わたしには関係のないことだった。だから、知りたいとも思わなかったし、調べようともしなかった。ところが、今わたしがいるこの学校に父が通っていたのだと思うと、どんな子供だったのだろう、どんな顔をして机に向かっていたのだろうか、負けん気の強い子で勉強ばかりしていたのだろうかなどと、次々に思いが膨らんでいく。

父の名前の後に、谷山恭夫という名があった。日記に出てきた名前だ。この友人は父と同様、母親一人の手で育てられたらしい。そんなこともあってか、おたがいに相手を意識していたようだ。なぜかその名前までが懐かしく感じられる。

職員室から出ていった二人が戻ってきた。古い書類の置き場所は他にもあったらしい。二人で、父に関する資料を探してくれていたのだ。

「優秀だったんですね」

校長は手にした学籍簿から目を離さずに言う。

「見てごらんなさい」と言われ、手渡されものに目をやると、すべての課目が優。六年間無遅刻無欠席となっている。

教頭は卒業後の生徒の進路先の記録を調べていた。

「どうぞ」と言われて、大正九年のページを見ると、父のように上の学校に進む子は稀で、大半の子は家の仕事を継いでいた。

それらをみな教頭はコピーしてくれた。そして、「記念になるもの一切をここに入れましたから」と、ふくらんだ茶封筒を差し出す。

礼を述べ、時間をとらせてしまったことを詫びてからわたしは席を立った。

玄関まで見送ってくれた教頭は「ここに越してくる前はあの辺りにあったんですよ」と、校門の先のほうを指差す。校舎を建て替えたとは思っていたが、場所が変わっているとは思っていなかった。

「図書館の向かいですから、歩いて十分もかかりませんから、ぜひいらしてください」と教頭はしきりに勧める。

教えられたとおりに歩いていくと「森町立森小学校」と書かれた札がはめ込まれた石門があった。

その門を覆うように松が垂れ下がっている。

校庭だった所はがらんとした空き地のままで、隅のほうに車が二台止まっていた。

わたしは校門の前に立つ。そして、そこから坂を見下ろす。

この坂道を、父は六年間一日も休むことなく上ってきたのだ。その父の姿を思い浮かべようとすると、どういうものか、友達と一緒にいる父の姿は浮かんでこない。猛吹雪のなかを、氷の飛礫《つぶて》を頬に受けながら、一人で懸命に坂を上ってくる姿だけが浮かんでくる。

駅に着いたら真っ先に墓参りをするつもりでいたのに、最後になってしまった。

七年前、墓所を訪れたときは墓石が雪に埋もれてほんの先端しか見えなかったが、今は柔らかな日差しの下で何百という墓が姿を現わしていた。

墓の前で手を合わせ、顔を上げると渡島駒ケ岳が眼前に大きく迫って見える。

左に目を転じると、はるか水平線のかなたまで藍色の海が広がっている。

これほど壮大な景色なのに、自分の母親も妹もここに眠っているというのに、父はこの墓にだけは入れてくれるなと言っていた。あの男がいるから嫌だ、と。

わたしは、父の望みどおりにした。ただ祖母に申し訳ない気がし、せめて墓から見えるようにと、森町の海に父と母の遺骨を撒いた。恐いほど荒れ狂った海だった。

気性の激しい父にはあの海がふさわしかった。でも、母は、今見える海のように、明るく穏やかな海のほうがほんとうは似つかわしかった。

# 本田延三郎・冨子　年譜

＊太文字は冨子についての記述

明治四〇（一九〇七）年
北海道函館に生まれる。

明治四三（一九一〇）年　　三歳
妹節子誕生。

明治四四（一九一一）年　　四歳
実父池田吉太郎死去。

**大正元（一九一二）年**
**冨子、名古屋に生まれる。**

大正九（一九二〇）年　　十三歳
函館商業学校入学。弁論部に所属する。
弁論大会題目――三年「争闘と永遠」、四年「反抗について」「二元の流れ」「混沌たる人生に面して」、五年「大和民族の使命」

大正一四（一九二五）年　　十八歳
函館商業学校卒業。

昭和二（一九二七）年　　二十歳
上京。

昭和三（一九二八）年　　二十一歳
左翼劇場入団。

**昭和九（一九三四）年　　二十七歳**
**新協劇団入団。伊藤冨子と結婚。**

昭和一〇（一九三五）年　　二十八歳
評論「『坂本龍馬』についての感想」（「テアトロ」七月号）、戯曲「漁夫納屋」（「テアトロ」十月号）

昭和一一（一九三六）年　　二十九歳
母テツ死去。評論「地方新劇人達への手紙——第一信」（「テアトロ」五月号）
昭和一二（一九三七）年　　三十歳
戯曲「海と投票」（「テアトロ」三月号）
昭和一五（一九四〇）年　　三十三歳
長女笙子誕生。芸術映画社入社。シナリオ「白茂線」（「文化映画研究」八月号）、評論「記録映画に関する感想」（「文化映画研究」十二月号）
昭和一六（一九四一）年　　三十四歳
評論「文化映画の独自性に就いて」（「文化映画」十一月・十二月号）
昭和一七（一九四二）年　　三十五歳
長男工誕生。評論「はじめに行ひあり——記録映画の演出方法に就いての感想」（「文化映画」二月号）、評論「国民的叙事詩としての記録映画」（「文化映画」四月号）、シナリオ「勝利への生産」（「文化映画」四月号）、評論「『スナップ主義』と『脚本主義』」（「文化映画」六月号）
昭和一八（一九四三）年　　三十六歳
評論「英雄を描くといふこと」（「文化映画」一月号）、評論「作家と評論」（「文化映画」二月号）、評論「文化映画の啓発宣伝」（「文化映画」七月号）
昭和二三（一九四八）年　　四十一歳
民衆芸術劇場入団。俳優座入団。
昭和二四（一九四九）年　　四十二歳
妹節子死去。新劇協同社設立。
昭和二五（一九五〇）年　　四十三歳
新劇協同社解散。

昭和二七（一九五二）年　四十五歳
青年俳優クラブ設立。「トパーズ」上演。
昭和二九（一九五四）年　四十七歳
青年俳優クラブ、劇団青俳と改名。「フォスター大佐は告白する」上演。
昭和三〇（一九五五）年　四十八歳
「制服」上演。
昭和三一（一九五六）年　四十九歳
義父阿部作太郎死去。
冨子父伊藤金五郎死去。
昭和三二（一九五七）年　五十歳
映画「米」「純愛物語」
昭和三五（一九六〇）年　五十三歳
「明日そこへ花を挿そうよ」上演。
昭和三七（一九六二）年
冨子母伊藤はま死去。
昭和三八（一九六三）年　五十六歳
映画「武士道残酷物語」
昭和三九（一九六四）年　五十七歳
映画「越後つついし親不知」
昭和四一（一九六六）年　五十九歳
劇団青俳、紀伊國屋演劇賞団体賞受賞。
昭和四五（一九七〇）年　六十三歳
劇団青俳退団。
昭和四六（一九七一）年　六十四歳
五月舎設立。「あわれ彼女は娼婦」上演。映画「婉という女」
昭和四八（一九七三）年　六十六歳

「越前竹人形」「藪原検校」上演。
昭和五一（一九七六）年　　六十九歳
日本新劇経営製作者協会賞受賞。「雨」上演。
昭和五四（一九七九）年　　七十二歳
「小林一茶」上演。映画「子育てごっこ」
昭和五五（一九八〇）年　　七十三歳
「イーハトーボの劇列車」上演。
昭和五六（一九八一）年　　七十四歳
紀伊國屋演劇賞特別賞受賞。
昭和五八（一九八三）年　　七十六歳
「朝・江戸の酔醒」上演。
昭和六二（一九八七）年　　八十歳
「アルジャーノンに花束を」上演。
昭和六三（一九八八）年　　八十一歳
「恋と年金」上演。
平成三（一九九一）年　　八十四歳
十月、五月舎事務所を閉じる。
平成六（一九九四）年
一月、冨子入院。
平成七（一九九五）年　　八十七歳
三月、延三郎死去。
八月、冨子死去。

# 本田延三郎　制作演劇・映画一覧

| 西暦 | 昭和 | 年齢 | 演劇 題名 | 演劇 作者 | 演劇 演出者 | 演劇 出演者 | 映画 題名 | 映画 脚本 | 映画 監督 | 映画 出演者 |
|---|---|---|---|---|---|---|---|---|---|---|
| '52 | 二十七 | 45 | トパーズ | M・パニョル 水戸俊雄訳 | 倉橋健 | 岡田英次・織本順吉 志村洋子 | | | | |
| '53 | 二十八 | 46 | 春近き冬の頃 | M・アンダースン 倉橋健訳 | 倉橋健 | 岡田英次・木村功 金子信雄 | | | | |
| '54 | 二十九 | 47 | フォスター大佐は告白する | R・ヴァイアン 江原順訳 | 倉橋健 | 加藤嘉・織本順吉 木村功 | 億万長者〔青年俳優クラブ 配給 新東宝〕 | 市川崑 (協力)安部公房 横山泰三 長谷部慶治 和田夏十 | 市川崑 | 木村功・久我美子 左幸子・岡田英次 山田五十鈴 |
| | | | | | | | 日の果て〔青年俳優クラブ 配給 松竹〕 | (原作)梅崎春生 斎藤良輔 八木保太郎 | 山本薩夫 | 鶴田浩二・岡田英次 島崎雪子 |
| '55 | 三十 | 48 | 制服 | 安部公房 | 倉橋健 | 岡田英次・木村功 西村晃 | 暴力街（東映） | 井手雅人 瀬川昌治 | 小林恒夫 | 木村功・南原伸二 津島恵子 |
| | | | 風の夜 | 大橋喜一 | 根津眞 | 加藤嘉・中村矩子 | | | | |
| | | | 快速船 | 安部公房 | 倉橋健 | 木村功・清村耕次 西村晃 | | | | |
| '56 | 三十一 | 49 | 楠三吉の青春 | 大橋喜一 | 倉橋健 | 織本順吉・岡田英次 川合伸旺 | 雪崩（東映） | 山形雄策 武田敦 | 山本薩夫 | 岡田英次・津島恵子 木村功 |
| | | | | | | | 天国はどこだ（新東宝） | 瀬川昌治 | 松林宗恵 | 木村功・津島恵子 沼田曜一 |
| '57 | 三十二 | 50 | | | | | 米（東映） | 八木保太郎 | 今井正 | 望月優子・中村雅子 江原真二郎 |

| | | | | | | |
|---|---|---|---|---|---|---|
| '58 | 三十三 | 51 | 黒龍江 | 鈴木政男 | 倉橋健 | 木村功・高津住男<br>蜷川幸雄 |
| '59 | 三十四 | 52 | 反応工程 | 宮本研 | 兼八善兼<br>塩田殖 | 青木義朗・織本順吉<br>高津住男 |
| '60 | 三十五 | 53 | 不発弾 | (原作)赤江行夫<br>(脚色)加瀬昌男 | 倉橋健 | 清村耕次・梅津栄<br>富田浩太郎 |
| | | | 明日そこへ花を挿そうよ | 清水邦夫 | 塩田殖 | 木村功・蜷川幸雄<br>原知佐子 |
| | | | 署名人 | 清水邦夫 | 倉橋健<br>兼八善兼 | 岡田英次・穂高稔<br>織本順吉 |

| | | | |
|---|---|---|---|
| 純愛物語(東映) | 水木洋子 | 今井正 | 江原真二郎・中原ひとみ<br>岡田英次 |
| 殺人者を逃すな(東映) | (原案)能生三郎<br>瀬川昌治 | 小林恒夫 | 木村功・三条美紀<br>岡田英次 |
| 血まみれの決闘(東映) | (原案)能生三郎<br>瀬川昌治 | 小石栄一 | 高倉健・中村雅子<br>浦里はるみ |
| 裸の太陽(東映) | (原作)氷室和敏<br>新藤兼人 | 家城巳代治 | 江原真二郎・丘さとみ<br>中原ひとみ・仲代達矢 |
| 悶える青春(東映) | (原作)水木洋子<br>須崎勝弥 | 佐伯清 | 中村雅子・中原ひとみ<br>江原真二郎・高峰三枝子 |
| 今は名もない男だが(東映) | (原案)内藤保彦<br>瀬川昌治 | 村山新治 | 江原真二郎・中原ひとみ<br>岡田英次 |
| 素晴らしき娘たち(東映) | 棚田吾郎<br>広渡常敏 | 家城巳代治 | 丘さとみ・中原ひとみ<br>江原真二郎 |
| 埠頭の縄張り(東映) | 井手雅人 | 佐伯清 | 江原真二郎・木村功<br>佐久間良子 |
| 十七才の逆襲 向う見ずの三日間(東映) | 瀬川昌治<br>野々垣冴 | 日高繁明 | 松方弘樹・山東昭子<br>小林裕子 |
| 白い崖(東映) | 菊島隆三 | 今井正 | 有馬稲子・木村功<br>佐久間良子 |
| 秘密(東映) | (原作)早乙女勝元<br>家城巳代治 | 家城巳代治 | 江原真二郎・佐久間良子<br>山田五十鈴 |
| 弾丸大将(東映) | 内藤保彦<br>(原作)赤江行夫<br>橋本忍 | 家城巳代治 | 南広・淡島千景<br>木村功 |

| | | | | | | |
|---|---|---|---|---|---|---|
| '61 | 三十六 | 54 | クバンの林檎 | アナトリー・ソフローノフ 倉橋健訳 | 倉橋健 兼八善兼 | 正城睦子・岡田英次 穂高稔 |
| '62 | 三十七 | 55 | 第四の男 | K・シーモノフ 兼八善兼訳 | 兼八善兼 | 木村功・織本順吉 川合伸旺 |
| | | | 逆光線ゲーム | 清水邦夫 | 観世栄夫 | 岡田英次・原知佐子 蜷川幸雄 |
| '63 | 三十八 | 56 | モンセラ | エマニュエル・ロブレス 鈴木道彦訳 | 兼八善兼 | 川合伸旺・穂高稔 上林詢 |
| '64 | 三十九 | 57 | 嘘もほんとも裏からみれば | L・ピランデルロ 松本俊夫訳 | 松本俊夫 | 富川徹夫・清村耕次 真山知子 |
| | | | 大家《ファム》と新進《ヤム》 | エドワード・アルビー 高野敏夫訳 | 老川比呂志 | 金井大・岡田英次 |
| | | | ベッシィ・スミスの死 | エドワード・アルビー 高野敏夫訳 | 塩田殖 | 穂高稔・織本順吉 |
| '65 | 四十 | 58 | 八月の狩 | 井上光晴 | 木村光一 | 斉藤晴彦・岡田英次 愛川晧 |
| '66 | 四十一 | 59 | オッペンハイマー事件 | ハイナール・キップハルト 岩淵達治訳 | 岩淵達治 | 岡田英次・木村功 穂高稔・織本順吉 |

| | | | |
|---|---|---|---|
| 乾杯！ごきげん野郎（東映） | 井手雅人 | 瀬川昌治 | 梅宮辰夫・今井俊二 南広 |
| 進藤の社長シリーズ 街（東映） | 家城巳代治 間藤守之 | 家城巳代治 | 三國連太郎・江原真二郎 三田佳子 |
| 若者たちの夜と昼（東映） | 松山善三 | 家城巳代治 | 中村嘉葎雄・三田佳子 佐野周二・平尾昌章 |
| 武士道残酷物語（東映） | （原作）南條範夫 鈴木尚之 依田義賢 | 今井正 | 萬屋錦之介・有馬稲子 渡辺美佐子・森雅之 岸田今日子・佐藤慶 |
| 恐喝（東映） | 田坂啓 | 渡辺祐介 | 高倉健・安井昌二 三田佳子 |
| 仇討（東映） | 橋本忍 | 今井正 | 萬屋錦之介・田村高広 三田佳子 |
| 越後つついし親不知（東映） | （原作）水上勉 八木保太郎 | 今井正 | 佐久間良子・小沢昭一 三國連太郎 |
| 廓育ち（東映） | （原作）川野彰子 棚田吾郎 | 佐藤純弥 | 三田佳子・梅宮辰夫 佐々木愛 |
| 路傍の石（東映） | （原作）山本有三 家城巳代治 | 家城巳代治 | 池田秀一・佐藤慶 淡島千景・中村嘉葎雄 |
| 牙狼之助（東映） | （原案）五社英雄 田坂啓 | 五社英雄 | 夏八木勲・田原久子 内田良平 |
| 十七人の忍者大血戦 | 池上金男 鳥居元宏 | 鳥居元宏 | 松方弘樹・大友柳太朗 入江若葉 |

| | | | | | | |
|---|---|---|---|---|---|---|
| | | | あの日たち 松本亘弘共同制作 | 清水邦夫 | 秋浜悟史 | 真山知子・岡田英次 木村功 |
| | | | 地の群れ 松本亘弘共同制作 | (原作)井上光晴 (脚色)木村光一 | 木村光一 | 岡田英次・愛川皓 高津住男 |
| '67 | 四十二 | 60 | ユビュ王 松本亘弘共同制作 | アルフレッド・ジャリ 竹内健訳 | ジャン・ピエトロ・カラソー | 岡田英次・蜷川幸雄 石橋蓮司 |
| '68 | 四十三 | 61 | 蜘蛛たち | 井上光晴 | 木村光一 | 岡田英次・穂高稔 真山知子 |
| '69 | 四十四 | 62 | 神島 | 大城立裕 | 竹内敏晴 | 木村功・望月優子 宮本信子 |
| | | | 神通川 | 本田英郎 | 今井正 | 木村功・市川夏江 宮本信子 |
| | | | 調理場 | A・ウェスカー 木村光一訳 | 木村光一 | 木村俊恵・住吉正博 森下哲夫 |
| '70 | 四十五 | 63 | 自由の血 | エマニエル・ロブレス 末木利文訳 | 小沢栄太郎 | 高津住男・森下哲夫 穂高稔 |
| | | | おゝ爆破 | 蘆野徳子 | 兼八善兼 | 芝田好子・蔵一彦 植田峻 |
| | | | 街と飛行船 | 別役実 | 末木利文 | 金井大・田代美恵子 岸田今日子 |

| | | | |
|---|---|---|---|
| 牙狼之助 地獄斬り (東映) | (原案)五社英雄 田坂啓 | 五社英雄 | 夏八木勲・西村晃 楠侑子 |
| 砂糖菓子が壊れるとき (大映) | (原作)曾野綾子 橋田壽賀子 | 今井正 | 若尾文子・津川雅彦 田村高広 |
| スクラップ集団 (松竹) | (原作)野坂昭如 鈴木尚之 | 田坂具隆 | 渥美清・小沢昭一 三木のり平 |
| 不信のとき (大映) | (原作)有吉佐和子 井手俊郎 | 今井正 | 田宮二郎・岡田茉莉子 若尾文子・加賀まりこ |
| 喜劇 爬虫類 (松竹) | 田坂啓 | 渡辺祐介 | T・エンジェル・渥美清 西村晃・小沢昭一 |

| | | | | | | | | | | |
|---|---|---|---|---|---|---|---|---|---|---|
| '71 | 四十六 | 64 | あわれ彼女は娼婦 | J・フォード 小田島雄志訳 | 木村光一 | 太地喜和子・北村和夫 河原崎建三 | 婉という女（ほるぷ映画） | （原作）大原富枝 鈴木尚之 | 今井正 | 岩下志麻・緒形拳 河原崎長一郎・江原真二郎 |
| '72 | 四十七 | 65 | 貘もしくは断食芸人 | 別役実 | 末木利文 | 小沢栄太郎・常田富士男 小林トシ子 | あゝ声なき友〔渥美プロ 配給 松竹〕 | （原作）有馬頼義 鈴木尚之 | 今井正 | 渥美清・小川眞由美 北村和夫 |
| | | | 女の平和 | アリストパネス 高津春繁訳 | 早野寿郎 | 文野朋子・宮崎恭子 井口恭子 | | | | |
| | | | 怒りをこめてふり返れ | J・オズボーン 木村光一訳 | 木村光一 | 山口崇・太地喜和子 三木敏彦 | | | | |
| '73 | 四十八 | 66 | 越前竹人形 | 水上勉 | 木村光一 | 中村嘉葎雄・小川眞由美 加藤嘉 | | | | |
| | | | 藪原検校 | 井上ひさし | 木村光一 | 高橋長英・太地喜和子 財津一郎 | | | | |
| | | | 桜ふぶき日本の心中 | 宮本研 | 木村光一 | 佐藤慶・太地喜和子 金内喜久夫 | | | | |
| '74 | 四十九 | 67 | 越後つついし親不知 | 水上勉 | 今井正 | 太地喜和子・中村嘉葎雄 門岳五郎 | | | | |
| '75 | 五十 | 68 | 復讐者の悲劇 | C・ターナー 大場建治訳 | 木村光一 | 垂水悟郎・島田陽子 村井国夫 | | | | |
| | | | 調理場 | A・ウェスカー 木村光一訳 | 木村光一 | 高橋長英・金井大 横山道代 | | | | |
| | | | たいこどんどん | 井上ひさし | 木村光一 | なべおさみ・太地喜和子 高橋長英 | | | | |
| | | | 旅立ち | M・ウェラー 倉橋健訳 | 増見利清 | 高沢順子・森下哲夫 中村まり子 | | | | |
| '76 | 五十一 | 69 | 雨 | 井上ひさし | 木村光一 | 名古屋章・木の実ナナ 加茂さくら | | | | |
| | | | 西郷札 | 松本清張 | 小沢栄太郎 | 緒形拳・萩尾みどり | | | | |

| | | | | | | | | | | |
|---|---|---|---|---|---|---|---|---|---|---|
| '77 | 五十二 | 70 | ベニスのふたご | カルロ・ゴルドーニ<br>田之倉稔訳 | 木村光一 | 内藤武敏<br>江守徹・小林千登勢<br>佐藤オリエ | | | | |
| '78 | 五十三 | 71 | 花子さん | 井上ひさし | 木村光一 | 高橋長英・近石真介<br>矢崎滋 | | | | |
| '79 | 五十四 | 72 | 小林一茶 | 井上ひさし | 木村光一 | 矢崎滋・渡辺美佐子<br>塩島昭彦 | 子育てごっこ<br>（五月舎<br>俳優座） | （原作）<br>三好京三<br>鈴木尚之 | 今井正 | 加藤剛・栗原小巻<br>牛原千恵・加藤嘉 |
| '80 | 五十五 | 73 | 根っこ | A・ウェスカー<br>木村光一訳 | 木村光一 | 栗原小巻・中村たつ<br>小沢栄太郎 | | | | |
| | | | はなれ瞽女《ごぜ》おりん | 水上勉 | 木村光一 | 有馬稲子・松山政路<br>金井大 | | | | |
| | | | イーハトーボの劇列車 | 井上ひさし | 木村光一 | 矢崎滋・佐藤慶<br>中村たつ | | | | |
| '81 | 五十六 | 74 | 唱劇　金冠のイエス | 金芝河<br>辛英尚訳 | 小田健也 | 深水三章・姜正火<br>花房徹 | | | | |
| | | | 地球のぐあいはどうだい？<br>廻ってますぜ、大将！ | F・ビエドゥ<br>岩瀬孝訳 | 小沢栄太郎 | 杉浦直樹・名古屋章<br>高山真樹 | | | | |
| '82 | 五十七 | 75 | 青い紙のラブレター | A・ウェスカー<br>木村光一訳 | 木村光一 | 渡辺美佐子・北村和夫 | | | | |
| | | | タグボート | 八木柊一郎 | 鈴木完一郎 | 林隆三・下條アトム<br>白都真理 | | | | |
| | | | 新・道元の冒険 | 井上ひさし | 木村光一 | 奥田英二・ピーター<br>上月晃 | | | | |
| | | | 炎の女 | （原作）<br>エミール・ゾラ<br>「テレーズ・ラカン」<br>（翻案）<br>小林裕 | 小林裕 | 范文雀・原田大二郎 | | | | |

| | | | | | | |
|---|---|---|---|---|---|---|
| '83 | 五十八 | 76 | 朝・江戸の酔醒 | 佐藤五月 | 小林裕 | 風間杜夫・范文雀 |
| '84 | 五十九 | 77 | ゴールデンボーイ | クリフォード・オデッツ 末木利文訳 | 末木利文 | 林昭夫・沖恂一郎 萩尾みどり |
| | | | 闇夜のエトランゼ | 日高瞬 | 大間知靖子 | 三谷昇・中山仁 平木久子 |
| '85 | 六十 | 78 | ピーターと狼 | (構成)篠崎光正 | 篠崎光正 | 浅野和之・東ゆう子 角田光隆 |
| | | | ワン | 林秀彦 | 松山善三 | 沖恂一郎・秋川リサ |
| '86 | 六十一 | 79 | 愛のスクランブル | 佐藤五月 | 小林裕 | 風間杜夫・熊谷真実 姿晴香 |
| | | | 丘の上の狂詩曲《ラプソディ》 | 鶉野昭彦 | 村田大 | 新橋耐子・原康義 |
| '87 | 六十二 | 80 | アルジャーノンに花束を | (原作)ダニエル・キース (翻案)松山善三 | 松山善三 | 中康治・姿晴香 中村たつ |
| | | | ベルナルダ・アルバの家 | (原作)F・G・ロルカ (翻案)鵜山仁 | 鵜山仁 | 三木弘子・川上夏代 矢代朝子 |
| | | | カッコーの巣の上を | デール・ワッサーマン 小田島雄志訳 | 小林裕 | 永島敏行・川口敦子 三木敏彦 |
| | | | 蜜の味 | シーラ・ディレーニー 小田島雄志訳 | 加來英治 | 曾我町子・丘乃遊莉 永江智明 |
| '88 | 六十三 | 81 | 恋と年金 | アンドリュー・バーグマン 小田島雄志・若子訳 | 小林裕 | 旺なつき・秋野大作 井口恭子 |

## あとがき

三年前に『父の贈り物』を上梓した際、父のことは書き尽くしたように思いました。父の演劇人としての仕事のすべてを知っているわけではありませんが、それでも仕事人間の父を想像することはできました。その限りにおいて、父のことは書き尽くしたのかもしれません。

しかし家庭人としての父は、身近にいてよくわかっているにもかかわらず、充分に表現できなかったのではないか、日がたつにつれその思いが強くなってきました。もう一度父のことを書きたい、そう思ったのが一年半前です。

父の傍にはいつも母がいました。母を書くことでさらに父の姿が浮かび上がってくるような気がし、母を中心に思い出を綴りました。

ここに収めた文章は、調布市のアカデミー愛とぴあ「随想を書く会」の講師、藤田三男氏にご指導いただいたものです。

藤田氏は河出書房新社、木挽社で永らく文芸編集者として活躍された方で、現在、ゆまに書房編集部顧問をつとめておられます。また「榛地和」というペンネームの装本家でもあります。そのような方に、編集、装丁をしていただいたことは私にとって身に余る光栄です。

藤田三男氏に厚く御礼を申し上げます。

編集者の妹尾和子氏にはたいへんお世話になりました。妹尾氏から私は多くのことを教えていただきました。心から感謝いたします。

写真家の久米たかし氏は、藤田氏、妹尾氏とともに『新潮日本文学アルバム』をはじめ数多くのお仕事をなさっていらっしゃる方です。その久米氏に、母の着物から作った裂き織りを撮っていただいたことは感動の一語に尽きます。ほんとうにありがとうございました。

最後に河出書房新社社長、若森繁男氏、編集部部長、小池三子男氏に厚く御礼申し上げます。

二〇〇四年四月

青木　笙子

**著者略歴**

青木笙子　あおき・しょうこ

一九四〇年東京生まれ。国学院大学文学部文学科卒業。公立中学校講師。ひの社会教育センター、多摩交流センター講師。TAMA市民塾理事。「じくうち」同人。調布市アカデミー愛とぴあ「随想を書く会」会員。

著書『父の贈り物』（翰林書房刊）

**母の贈り物**

二〇〇四年　五　月三〇日初版発行
二〇〇四年十一月二五日再版発行

著　者　青木笙子
発行者　若森繁男
発行所　株式会社　河出書房新社
郵便番号一五一－〇〇五一
東京都渋谷区千駄ヶ谷二－三二－二
☎〇三－三四〇四－八六一一（編集）
〇三－三四〇四－一二〇一（営業）
http://www.kawade.co.jp/

印刷・製本　株式会社キャップ

落丁・乱丁本はお取替いたします
定価はカバー・帯に表示してあります

ISBN 4-309-90577-3